AF637894

HARALD SALFELLNER

BÖHMISCHE KÜCHE

EINE KULINARISCHE REISE

VITALIS

Österreichisch-deutsches Sprachkulinarium

In diesem Kochbuch werden viele österreichische Küchenbegriffe verwendet, die in den einstigen deutschen Gebieten Böhmens üblich waren.

Abbröseln: mit den Handflächen verreiben, sodaß Bröseln entstehen • **abschlagen**: mit dem Kochlöffel abarbeiten • **abseihen**: durch ein feines Sieb oder Tuch gießen • **absprudeln**: verquirlen • **Beuschel**: Lungenhaschee, Lüngerl, Geschlinge (Speise aus Innereien vom Rind oder Kalb) • **blanchieren**: Fleisch kurz in kochendem Wasser abbrühen, damit es eine schöne weiße Farbe bekommt • **Brimsen**: gesalzener Frischkäse aus Schafsmilch • **Chaudeau**: dicker Schaum von Wein und Eidottern • **Dampfl**: kleine Portion Teig zur Probe der Hefe • **dünsten**: schmoren • **Eiklar**: Eiweiß • **Einmach**: lichte Mehlschwitze zum Binden von Soßen und Suppen. *Zubereitung*: Mehl wird in Butter leicht angeröstet und mit Wasser aufgegossen • **Eierschwammerl**: Pfifferlinge • **Einbrenn**: dunkle Mehlschwitze • **Erdapfel**: Kartoffel • **faschieren**: durch den Fleischwolf drehen, feinhakken, zermahlen • **Faschiertes**: Hackfleisch (Hachée) • **Fischbeuschel**: der Rogen oder die Milch sowie die übrigen Innereien ohne die Fischblase, Gallenblase und Gedärme • **Fisolen**: grüne Bohnen • **Fleckerl**: kleine Nudelteigquadrate • **Frittaten**: Amulette; in dünne Streifen geschnittene Palatschinken als Suppeneinlage • **Germ**: Hefe • **Geselchtes**: geräuchertes Schweinefleisch • **Grammeln**: Grieben, Griefen, Schkwarken • **Graupen**: Gerstl; geschälte, gerundete Gersten- oder Weizenkörner • **Gugelhupf**: Napfkuchen, Babe, Aschkuchen • **Jause**: Vesper • **Karfiol**: Blumenkohl • **Kasserolle**: flacher Topf mit Stiel • **Kipferl**: Hörnchen • **Kletze**: Hutzel, Dörrbirne • **Knödel**: Kloß • **Kren**: Meerrettich • **Kuttelflecke**: Kaldaunen • **Porree**: Lauch • **Lungenbraten**: Lendenbraten (Filet) • **Marille**: Aprikose • **Maroni**: Eß- oder Edelkastanien • **montieren**: mit einem Schneebesen aufschlagen bzw. unterheben • **Muzika**: Weihnachtsspeise aus Dörrzwetschken und anderem Dörrobst, Nüssen, Mandeln und Gewürzen • **Neugewürz**: Piment • **Nockerl**: knödelartige Masse, vgl. ital. gnocchi • **Obers**: Sahne, Schmetten, Rahm • **Omeletten**: Eierpfannkuchen • **Palatschinken**: dünne Pfannkuchen • **Paradeiser**: Tomate • **Powidl**: Pflaumen- oder Zwetschkenmus, Latwerge • **Rahm**: Sahne • **Reindl**: Kasserolle • **Ribiseln**: Johannisbeeren • **Schlagobers**, auch Schlag oder Obers: steif geschlagene Schlagsahne • **Schlegel** (Schlögel): Keule • **Schmarren**: Speise aus gekochtem oder in Fett gebackenem und gestoßenem Teig • **Schmetten**: Sahne • **Schnee**: das Weiße von Eiern zu dickem Schaum geschlagen • **Schwammerln**: Pilze • **Semmel**: Brötchen, Schrippe • **Selchwurst**: Räucherwurst • **Spagat**: Schnur, Bindfaden • **spicken**: (mit Hilfe einer Spicknadel) gleichmäßig mit Speckstreifen durchziehen • **stauben**: mit Mehl bestäuben • **Staubzucker**: Puderzucker • **Sulz**: Aspik • **Topfen**: Quark, Quarg, Weißkäse; in der Tschechischen Republik ist auch eine festere, reibbare Quarkvariante bekannt. Falls diese nicht erhältlich ist, behelfe man sich mit dem handelsüblichen weicheren Quark • **versprudeln**: verquirlen • **Weichsel**: Sauerkirsche • **Wurzelwerk**: Suppengrün (Karotte oder gelbe Rübe, Sellerie, Petersilienwurzel, Lauch) • **Zwetschke (Zwetschge)** Pflaume • **Zwetschkenwoika**: Weihnachtsgericht aus Dörrzwetschken (vgl. muzika).

Für die Zubereitung der Speisen sind Grundkenntnisse bzw. Erfahrungen im Kochen erforderlich. Falls nicht anders angegeben, sind die Rezepte für vier Personen gedacht.

Umschlagabbildungen: Österlicher Lammbraten, Zwetschkenknödel, Marinierter Hermelín.

Die Abbildungen auf den Seiten 48, 52, 53, 67, 70–72 entstammen dem Buch *Velká knedlíková kuchařka (Großes Knödelbuch)* und wurden mit freundlicher Genehmigung des Verlages *Došel Karamel* und des Knödelproduzenten *Knedlíky Láznička s.r.o.* abgedruckt.

© Vitalis, 2024 • Deutsche Originalausgabe • Hergestellt in der Europäischen Union • Alle Rechte vorbehalten • ISBN 978-3-89919-657-3 (Vitalis GmbH) • ISBN 978-80-7253-425-8 (Vitalis, s.r.o., Praha)
www.vitalis-verlag.com

Aus dem Inhalt

Neuestes Handbuch
der
Böhmischen Kochkuns
von
Marie Souč
A. Hartlebens Verla

Ein Lob
der böhmischen Küche

Mit ihrem reichen Fundus an kulinarischen Traditionen können sich die historischen Kronländer Böhmen *(Čechy)* und Mähren *(Morava)* sowie die Goldene Stadt Prag *(Praha)* selbstbewußt im Kreis der ersten europäischen Küchennationen behaupten. Zwar sind Köstlichkeiten wie Olmützer Quargel, Prager Schinken oder die süßen Oblaten aus dem mondänen Kurort Karlsbad bekannt in aller Welt, der böhmischen Küche in ihrer gerundeten Fülle begegnet man nur in der Tschechischen Republik selbst, wo sich das lukullische Erbe aus Jahrhunderten in einer erfreulichen Vielfalt erhalten hat.

LINKS: Umschlagblatt zu Marie Souček, *Neuestes Handbuch der Böhmischen Kochkunst.*

Es sind verschiedene Kraftquellen, aus denen sich die böhmische Küche speist. Zu den Koch- und Speisegebräuchen der Tschechen im Landesinneren und den Küchensitten der einst in den Sudetengebieten ansässigen Deutschböhmen lassen sich Einflüsse aus Bayern und Sachsen erkennen, aus Ungarn und Polen, Frankreich und Tirol. Vor allem aber weist die böhmische Art des Kochens zahlreiche Überschneidungen und Ähnlichkeiten mit der Wiener bzw. der österreichischen Kochkunst auf.

Magdalena Dobromila Rettigová (1785–1845) mit Schleife und Häubchen.

MAJDALENA DOBROMILA RETTIGOVÁ.

Die Anfänge der böhmischen Küche lassen sich bis 1591 zurückverfolgen, als Bavor Rodovský von Hustiřany, ein Koch und Alchemist am kaiserlichen Hof zu Prag, ein grundlegendes Buch über die Kochkunst veröffentlichte. Die Idee einer eigenständigen böhmischen Küche wurde erst mit dem Kochbuch *Die Bayerische Köchin in Böhmen* volkstümlich, das 1805 von der tüchtigen Gastwirtin Maria Anna Neudecker veröffentlicht wurde. Dieses Kochbuch gilt als eine Art Vorläufer für die ab 1826 kursierende grundlegende Rezeptesammlung *Domácí kuchařka (Die Hausköchin)* der deutschstämmigen bürgerlichen Hausfrau und -mutter

Kochbücher aus dem alten Böhmen bzw. der Tschechoslowakei: Magdalena Dobromila Rettigová, *Das praktische Kochbuch* • *Das vereinfachte Kochbuch der Prager deutschen Kochschule* • Olga Rozmarová und Slávka Svátková, *Die vorbildliche Köchin*, 1948.

Unter „böhmischer Küche“ werden die kulinarischen Traditionen der Bewohner der Böhmischen Länder zusammengefaßt, die bis 1918 im Königreich Böhmen, in der Markgrafschaft Mähren und dem Herzogtum Schlesien, sowie nach 1918 in der selbständigen Republik Tschechoslowakei zusammenlebten. Ethnische Zuschreibungen einzelner Gebräuche oder Gepflogenheiten sind im vielfach durchmischten Böhmen und Mähren nur eingeschränkt möglich.

Magdalena Dobromila Rettigová, geb. Artmann. In zahlreichen tschechischen und deutschen Ausgaben beherrschte ihre Küchenhilfe mit schließlich mehr als 1200 Rezepten den böhmischen und mährischen Kochbuchmarkt des 19. Jahrhunderts. Mit rasch aufeinanderfolgenden Ratgebern wußte Rettigová ihren Ruf als oberste Landesköchin zu festigen, so etwa im Jahr 1839 mit *Mladá hospodyňka v domácnosti (Die junge Haushälterin)*, 1843 mit *Kafíčko a vše, co je sladkého (Kaffee und alles, was süß ist)* oder in ihrem Sterbejahr 1845 mit der *Sladká kuchyně (Süße Küche)*. Der Glanz ihres Namens als Synonym der traditionellen altböhmischen Küche ist bis heute nicht verblaßt.

Als weitere verdiente Pionierin der heimischen Kochkunst ist Marie B. Svobodová zu nennen, die 1894/95 im Selbstverlag eine über 900 Seiten starke *Kuchařská škola (Küchenschule)* herausbrachte. Auch die böhmisch-österreichische Meisterköchin Hanna Dumek aus Prag brachte es vor der Jahrhundertwende mit ihrer *Česká kuchařka (Böhmische Küche)* oder mit Werken wie *586 jídel z vajec (Eierspeisen)* oder *810 Kartoffelspeisen* zu einigem Ansehen. Weniger in bürgerlichen Kreisen als in kleinen Arbeiterhaushalten sah Anuše Kejřová ihre Zielgruppe, die Leiterin einer konzessionierten Kochschule in Königgraetz. Mehr als 1000 Rezepte notierte sie 1905 in ihrer *Úsporná kuchařka (Sparsame Küche)*. Mit Titeln wie *Dělnická*

kuchařka (Arbeiterküche), *Česká kuchařka (Böhmisches Kochbuch)* oder *Naše ryby a jich vhodná úprava (Unsere Fische und ihre geeignete Zubereitung)* eroberte sie die tschechischen Buchhandlungen. All diesen Kochanweisungen erwuchs im 20. Jahrhundert Konkurrenz durch das Standardwerk *Česká kuchařka (Böhmisches Kochbuch)* der Lehrerin Marie Janků-Sandtnerová. Ihr erstmals 1924 aufgelegtes Buch steht bis heute in zahlreichen tschechischen Küchenregalen. Aus der Flut der neueren Kochbücher ragt die *Böhmische Küche* der Prager Deutschen Ilse Froidl, sowie die schlichte Rezeptesammlung von Juliana Fialová, der tschechischen Meisterköchin in den Jahren des realen Sozialismus.

Mit der kulturhistorischen Erforschung der böhmischen Küche befaßte sich äußerst verdienstvoll der Volkskundler Zdeněk Zíbrt, dessen *Staročeské umění kuchařské (Altböhmische Küchenkunst)* bis heute als unverzichtbares Grundlagenwerk gilt. Ihm nach folgte Marie Úlehlová-Tilschová, die nicht nur Rezeptsammlungen herausgab, sondern auch die Standardwerke *Česká strava lidová (Tschechische Volksernährung)* und *Chuťový místopis (Kulinarische Landeskunde)*.

Freilich beschränkt sich der romantisch-historisierende Begriff „böhmische Küche“ nicht nur auf traditionelle Kochrezepte, vielmehr beschwört er den Nachhall einer einst blühenden Alltagskultur, die

Bohumil Hlavsa, *Tschechoslowakische Zuckerbäckerei* • Anuše Kejřová, *Böhmisches Kochbuch* (gleichermaßen: *Böhmische Köchin*) • Marie Janků-Sandtnerová (allgemein „die Sandtnerová“), *Buch der Haushaltung und der Kochvorschriften.*

Der kulinarische Reichtum Böhmens und Mährens läßt sich aus altösterreichischen Kochbüchern wie jenen der Marie von Rokitansky oder der Pragerin Hanna Dumek erahnen, wo zahlreiche regionale Rezepte wie Reichenberger Schöpsenfleisch, Teplitzer Kaffeekuchen, Pilsner Schnitte, Leitmeritzer Obsttorte, Brünner Krapferln oder Nikolsburger Plätzchen angeführt sind.

gleichermaßen die „Schwarze Küche“ im ländlichen Böhmen umfaßt, wie die gutbürgerliche Kochkunst in den Städten. Die Erdäpfelgerichte der Bratenweiber in den Prager Altstadtgassen dürfen wir geradeso als Spielart dieses Erbes auffassen wie die herrschaftlichen Festmahle in den Adelspalästen unter dem Hradschin.

Es waren die Neuerungen im Zuge der agrarischen und industriellen Revolution des 19. Jahrhunderts und der Aufbruch in die moderne Konsumwelt, die viele Sitten in Vergessenheit geraten ließen und die altvertraute böhmische Küche gründlich veränderten. Durch neue Konservierungstechniken verlor etwa das Wirtschaften im Jahrlauf des Reifens und Erntens viel von seiner ursprünglichen Bedeutung. Anstöße zu weiterem Wandel brachten auch die immer mächtigeren Handelsströme, durch die unbekannte exotische Genüsse ins Land kamen. In *Koloniál*-Geschäften fanden sie Verbreitung bis ins letzte Dorf. Zu Prag, wo eine wohlhabende Kundschaft lebte, wurde in der reichhaltigen Delikatessenhandlung des Franz Schwertassek Schnecken, Kaviar, Bitterorangen oder Ananas feilgeboten. Und während sich adelige und großbürgerliche Patrizier in den Feinkostläden des Johann Stüdl auf dem Kleinseitner Ring oder des Josef Lippert am Graben mit exquisiten Zutaten eindeckten, kümmerte sich eine Vielzahl von Trakteuren im „Hotel Kandelaber“ *(Hotelkandelábr)* um die Speisung hungriger Passanten in den Prager Gassen – Würstelsieder *(viřtláci)*, Kastanienröster *(kaštanáři)*, Reindlweiber *(pekáčové báby)*, Brezelburschen *(preclíkáři)* oder Milchmänner *(mlíkaři)* mit ihren von Hunden gezogenen Wagen.

Um 1800 wurde in Städten wie Prag noch über offenem Feuer gekocht, doch immer öfter hielten in den Behausungen vollummauerte Kochherde mit Platten aus Kupfer oder Gußeisen Einzug. Nach der Mitte des 19. Jahrhunderts setzte sich der mit Holz und Kohle befeuerte Sparherd *(sporák)* durch, der über einen Backofen sowie ein Wasserschiff verfügte. Während in Schlössern regelrechte Kochmaschinen in Gebrauch standen, rüsteten fortschrittliche Bürger mit einer neumodischen Küchenhexe nach, die reichverziert mit Fliesen oder Email zum Prunkstück der Wohnung wurde. Ab etwa 1900 kamen in den Städten elektrische und mit Gas betriebene Herde auf – die Industrieproduktion hielt Einzug ins moderne Heim.

Mit einem tiefgreifenden Wandel war auch die Industrialisierung des Nahrungsmittelsektors verbunden, der den Aufstieg von Firmen

Marie Úlehlová-Tilschová, *Česká strava lidová (Tschechische Volksernährung)*. Die Prager Kulturwissenschaftlerin Úlehlová-Tilschová präsentiert die böhmische Küche als eine in Jahrhunderten entstandene Vielfalt von regionalen Gebräuchen und Traditionen, und beschreibt bäuerliche wie städtische Eßgewohnheiten im Alltag und zu den hohen Festen.

wie Doktor Oetker, Maggi, Ceres oder der Nudelfabrik Zátka ermöglichte. Zu einem Vorzeigebetrieb der heimischen Nahrungsmittelwirtschaft wurde die südböhmische Selchwarenfabrik Satrapa, mit deren Rinder- und Schweinegulaschbüchsen im Tornister schließlich hunderttausende k. u. k. Soldaten an die Fronten des Ersten Weltkriegs zogen. Da war der Terminus von der böhmischen Küche längst zu einer Säule der tschechischen nationalen Identität geworden, und, weit über den nostalgischen Unterton hinaus, das Aushängeschild einer selbstbewußten Nation.

OBEN: Reklamemotive anno 1900.

UNTEN: Zeitgenössische Reklamebotschaften um 1960 – „Ursprüngliches Schweinefleisch auf Bier“ • „Garantiert schmackhafter Karottengugelhupf“ • „Koste den einzigen soliden Karpfen auf Salbei“ • „Der Bratapfel übertrifft alle anderen an Qualität und Duft“.

Brot und Gebäck

und Schmackhaftes aus Getreide

Seit dem Mittelalter ist Brot neben Fleisch und Bier das wichtigste Haupt- und Grundnahrungsmittel in praktisch allen Bevölkerungsschichten Böhmens. Zur Zeit Kaiser Karls IV. fanden allein im damals noch recht überschaubaren Prag an die 150 Bäckermeister ihr Auskommen, die neben Brezeln, Oblaten, Kolatschen und Festtagsgebäck vor allem dunkles Brot aus Roggen, Gerste, Hirse und Buchweizen buken. Weißes Brot aus Weizenmehl setzte sich erst Jahrhunderte später durch, dann traten auch die feinen Kaisersemmeln *(kaiserky)* ihren Siegeszug an, geformt aus weißem, sogenanntem

Oben links: Kipferl *(loupáky)*.

Oben rechts: Böhmische Semmeln *(housky)*.

Unten links: Salzstangerln aus Bierteig *(pivní rohlíky)*.

Unten rechts: Hörnchen *(tukové rohlíky)*.

ungarischem Mehl, und die reschen, seinerzeit mit Pferdeschmalz gebackenen Kipferl *(rohlíky)*. Die erste Prager Dampfbäckerei richtete um die Mitte des 19. Jahrhunderts der Müller František Odkolek ein, dessen Backwaren bald in dutzenden Geschäften und Handelsniederlassungen vertrieben wurde. Im Laufe der Jahrzehnte stieg diese Firma zum Inbegriff des böhmischen Mühlen- und Bäckereigewerbes auf, noch heute ist die Marke allgemein bekannt. Ein reichhaltiges, meist religiös verbrämtes Brauchtum entfaltete sich um das Brotbacken im häuslichen Backofen, das traditionell der Bäuerin oder Hausfrau vorbehalten war. In christlichen Häusern war es üblich, drei Kreuze in die Rinde der Brotlaibe zu ritzen, um die Gottesgabe zu heiligen. Aus

„Wenn Großmutter Brot buk, hatten die Enkelchen Kirchtag. Jedes bekam dann je einen Flammenkuchen und ein kleines Brötchen, gefüllt mit Zwetschken oder Äpfeln, was es für sie früher nicht gegeben hatte. Sie mußten sich aber gewöhnen, auf die Brotkrumen achtzugeben. ‚Die Brosamen gehören dem Feuerlein', pflegte Großmutter zu sagen, wenn sie die Krümchen vom Tische kehrte und ins Feuer warf. Wenn aber eines von den Kindern Krümelchen auf die Erde warf und Großmutter dies sah, befahl sie ihm sofort, die Bröcklein aufzulesen: ‚Die Brosämlein darf man nicht mit Füßen treten, sonst weinen, so erzählt man, die Seelen im Fegefeuer', pflegte sie zu sagen. Ebenso verdroß es sie, wenn sie sah, daß man das Brot nicht gerade abschnitt. ‚Wer sich mit dem Brot nicht ausgleichen kann, gleicht sich auch mit Menschen nicht aus', pflegte sie zu bemerken. Einmal bat der kleine Jeník Großmutter, sie möge für ihn seitlich die Rinde abschneiden, das esse er gern; allein, Großmutter tat es nicht und sagte: ‚Hast du nicht gehört, daß man, wenn man ins Brot einschneidet, dem lieben Gott die Fersen abschneide? Mag dem sein, wie ihm wolle, lerne nicht, im Essen wählerisch zu sein', und Herr Jeníček mußte sich seine Feinschmeckereien vergehen lassen."

Božena Němcová, *Die Großmutter*

heidnisch-slawischer Frühzeit dagegen stammt die Sitte, liebe Gäste mit Brot und Salz willkommen zu heißen. Zum Brauchtum ums Brot gehören die verschiedenen Gebildebrote, die zu besonderen Anlässen gebacken wurden, so etwa die Zünglein *(jazýčky)* zum Namensfest des heiligen Nepomuk, des Patrons des Beichtgeheimnisses, oder die gekreuzten Bäckerknochen *(pekařské kosti)* aus

OBEN LINKS: Brötchen aus Boršov *(Boršovské chlebánky)*.

OBEN RECHTS: Teiglinge auf dem Küchentisch vorbereiten.

UNTEN: Altböhmisches Rübengebäck *(staročeské řepánky)*.

OBEN LINKS: Beim Brotbacken, um 1880 • OBEN RECHTS: Prager Bretzelverkäufer, um 1890 • UNTEN LINKS: Hölzerne Lebzeltform • UNTEN RECHTS: Eine tschechische Bäckerin präsentiert ihre Brote.

Semmelteig, die zu Allerseelen als *dušičky* unter den Armen verteilt wurden. Am 11. November, zu St. Martin, verwöhnte man die Kinder mit Martinihörnchen *(rohlíky* oder *roháče)*. An diesem Tag endete auf den einstigen bäuerlichen Gehöften das Dienstjahr des Gesindes. Die Weiterziehenden erhielten zur Wegzehrung und als symbolischen Dank ein großes Horn aus weißem Brotteig, üppig gefüllt mit Obstmus oder Mohn. Zum Nikolausfest erhielten die

Kinder *mikulášky* aus festem Teig und mit Rosinen oder Heidelbeeren als Augen. Ein berühmtes Traditionsgebäck aus dem Städtchen Strahlenberg *(Štramberk)* im Kuhländchen *(Kravařsko)* sind die stanitzelförmigen Tartarenohren *(tatarské* oder *štramberské uši)* aus Lebzeltteig, die seit Jahrhunderten zur bleibenden Erinnerung an die Schrecken der Mongolenzüge des Jahres 1241 gebacken werden.

Der Name der Zeltnergasse *(Celetná)* in der Prager Altstadt erinnert an das einstige Viertel der Zeltenbäcker. Als Urheimat der böhmischen Lebkuchenbäcker gilt gleichwohl das ostböhmische Städtchen Pardubitz *(Pardubice)*. Schon seit dem 16. Jahrhundert bieten hier Lebzelter ihre zierlichen Marzipanhäuschen und Lebkuchenherzen an. Von Pardubitz ist es nicht allzuweit nach Miletín, in dem die weithin bekannten *Modlitbičky* gebacken werden, wie die mit einer Mandel geschmückten Lebzeltstücke in der Form kleiner Gebetbücher heißen. Es sind Nachfahren der Familie des tschechischen

OBEN: Brotbacken anno dazumal • UNTEN LINKS: Ein Verkaufsstand der Dampfbäckerei Odkolek in Prag, um 1930 • UNTEN RECHTS: Das Gelände der Großbäckerei Odkolek in Prag-Vysočany, um 1930.

OBEN LINKS: Reklame für die „einzig ursprünglichen und wahren Miletiner Gebetbüchlein *(Miletínské Modlitbičky)*, gesetzlich geschützt" • OBEN RECHTS: Tartarenohren *(Štramberské uši)* aus Strahlenberg • UNTEN LINKS: Miletiner *Modlitbičky* • UNTEN RECHTS: Reklamemarke für den weltberühmten Lomnitzer Zwieback der Firma Antonín Borůvka aus Lomnitz an der Popel.

Dichters Karel Jaromír Erben, die diese Lebzeltbrote seit 1864 herstellen.

Um 1900 wurden in der ganzen Monarchie die im Riesengebirgsstädtchen Lomnitz an der Popel *(Lomnice nad Popelkou)* erzeugten Zwiebacksorten geschätzt. Stolz belieferte Firmengründer Antonín Jína als Hoflieferant den Wiener Hofball mit Zwieback.

Ein Schmankerl aus dem Städtchen Höritz *(Hořice)* im Vorriesengebirge sind die zarten Oblaten in gerollter Form. Die Idee zu den Höritzer Röllchen *(Hořické trubičky)* geht angeblich auf den Leibkoch Napoleons zurück, der den magenleidenden Feldherrn zu Höritz mit feinen und leichtbekömmlichen Diätröllchen aus Weizenmehl erfreut haben soll.

In den westböhmischen Kurbädern, vor allem in Karlsbad, verstand man sich auf die Herstellung von Badeoblaten. Die mit Haselnüssen gefüllten Waffelscheiben verschafften den fastenden Kurgästen

zwischen den Mahlzeiten ein Gefühl der Sättigung und waren entsprechend begehrt.

In der Goldenen Stadt haben Straßenbäcker mit dem noch vor wenigen Jahren kaum bekannten Baumstriezel *(trdelník)* eine profitable kulinarische Tradition begründet. Dabei wird unter langsamem Drehen über offenem Feuer ein auf Walzen *(trdlo)* aufgerollter, mit Eigelb oder Milch bestrichener und in Zucker gewendeter Germteig gebacken. Noch heiß wird der betörend duftende *trdelník* in einer Mischung aus Zucker, Zimt, gehackten Mandeln und Nüssen gewendet.

Aus Brotgetreide werden auch Teigwaren wie Bandnudeln oder Nudelfleckerln *(fleky)* hergestellt. Die Altvorderen verarbeiteten Grieß, Buchweizen, Hafer, Roggen oder Hirse zu salzigen oder mit Milch und Honig auch zu süßen Breien *(kaše)*. Aus Gerste machten sie Graupen, die nicht nur Grundlage zahlreicher einfacher Gerichte waren, sondern auch zur Herstellung von Selchwürsten *(klobásy)* benötigt wurden.

In der Mährischen Slowakei *(Slovácko)* verzehrte man in der Faschingszeit, aber auch bei Hochzeiten und Tauffesten, den süßen Baumstriezel. Auch die von der Niederkunft noch geschwächten Wöchnerinnen durften sich auf das feine Süßgebäck freuen, das ihnen wohlmeinende Nachbarsfrauen zur Stärkung mitbrachten.

OBEN LINKS: Höritzer Röllchen *(Hořické trubičky).*

UNTEN LINKS: Hauchdünne Karlsbader Oblaten.

RECHTS: Karlsbader-Oblaten-Dose aus k. u. k.-Zeiten.

In wohlhabenden Gebieten bereitete man Breie aus Weizenmehl, verfeinert mit Butter und Honig. Die Ärmeren in den kargen Landschaften begnügten sich mit ungezuckertem Haferbrei. Zu den Kraftgerichten der Holzfäller im Böhmerwald zählten die Schwarze Kuba *(černý kuba)* mit Herrenpilzen, Buchweizensterz *(pohanková kaše)* oder einfacher Roggensterz, wie aus einer Erzählung von Karel Klostermann hervorgeht: „Ein schwarzer Kessel hing über dem Feuer. Sie schütteten Roggenmehl und etwas Salz in das siedende Wasser, ließen das Mehl zu einem dicken Brei einkochen, beständig mit einem hölzernen Kochlöffel rührend. Dann schütteten sie das Wasser ab und schmalzten den übriggebliebenen Brei sehr stark. Der Sterz war fertig. Sie aßen ihn aus dem Kessel und nahmen aus einem großen Topf saure Milch dazu. Der Adjunkt kostete, und es schmeckte ihm gut, doch war ihm der Sterz zu fett. Sie aber bedeuteten ihm, daß er nicht anders zubereitet werden könne, sie würden ohne Fett nicht satt werden und könnten ihre schwere, so mühevolle Arbeit nicht vollbringen."

Lomnitzer Zwieback
Lomnické suchary

¼ l Milch • 25 g Hefe • 1 Teelöffel Zucker fürs Dampfl • ½ kg Mehl • die geriebene Schale einer Zitrone • Salz • 1 Prise geriebene Muskatnuß • 1 Messerspitze Fenchelpulver • 150 g Butter • 3 Eigelb • 50 g Vanillezucker • 50 g Staubzucker

Die Milch erwärmen, aber nicht zu heiß werden lassen, die Hefe und etwas Zucker darin auflösen. Mehl, Zitronenschale, Salz, Muskatnuß und Fenchelpulver vermischen, die Butter und die Eigelbe dazugeben und und gemeinsam mit dem Dampfl zu einem dickeren Hefeteig verkneten.

Den Teig 30 Minuten gehen lassen und anschließend daraus zwei etwa 4 cm dicke Rollen formen. Diese auf ein gefettetes Backblech legen und noch einmal 20 Minuten gehen lassen. Bei 200 °C etwa 30 Minuten backen. Am nächsten Tag in fingerdicke Scheiben schneiden und bei 120 °C trocknen lassen. Noch warm in einem Gemenge von Staub- und Vanillezucker wenden.

OBEN: Reklamemotiv der Zwiebackfirma Antonín Jína • UNTEN LINKS: Lomnitzer Zwieback • UNTEN RECHTS: Die Zwiebackfabrik von Antonín Jína in Lomnitz an der Popel.

Semmelbaba

Žemlovka

„*Die Teigmasse wurde mit dem Holzrührscheit gemischt. Nach einer gewissen Zeit formte die Großmutter vier große Brotlaibe und schob diese zum Gären in eine Schüssel aus Stroh und bestreute alles mit Kornmehl. Während die Brotlaibe noch zweimal mit einer Bürste und lauwarmem Wasser gewaschen wurden, heizte sie den Ofen an, wobei zunächst der Holzstapel abbrennen mußte und die restliche Asche und Glut zusammengescharrt wurde. Nach einer Zeit ging das Brot auf und es kam die Zeit des Setzens. Endlich wurde ein bißchen Wasser in den Ofen gegossen. Der Dampf sorgte für eine köstliche, glänzende Kruste. Dann wurde der Dampf abgelassen und das Brot fertiggebacken.*“

Miroslav Hataš

Für 6 Portionen: *10 altbackene Semmeln • ¾ kg Äpfel • 50 g Rosinen • 50 g Mandelsplitter (Blättchen) • ½ l Milch • 3 Eier • 130 g Zukker • 2 Eiklar • ein wenig Fett für die Form • 50 g Butterflocken*

Die Semmeln in dünne Scheiben schneiden. Dann die Äpfel schälen, entkernen, ebenfalls in dünne Scheiben schneiden und mit Rosinen und Mandeln vermischen. In einer gut gefetteten Auflaufform die Semmelscheiben abwechselnd mit der Apfelmasse schichtweise auflegen. Milch, Eier und 100 g Zucker gut verquirlen und in die Form gießen. Auf die oberste Semmelscheibenschicht Butterflocken verteilen. Den Auflauf in den auf 200 °C vorgeheizten Backofen stellen und 30 Minuten lang backen.

Nun die Schneehaube bereiten: Das Klar von 2 Eiern steifschlagen und mit 30 g Zucker vermischen. Den Auflauf mit dem Eierschnee bestreichen und nochmals 10 Minuten in den Backofen geben. Die fertige Schneehaube sollte leicht angebräunt sein.

Hausbrot mit Kartoffeln

Domácí chléb s bramborami

½ kg Kartoffeln • 1 kg Roggenmehl • 1 kg griffiges Weizenmehl • 30 g Hefe • Salz • Kümmel • Fenchel • Fett zum Bestreichen des Bleches

Die Kartoffeln kochen, schälen, passieren und mit ¾ l sehr heißem Wasser glatt verrühren. Dann Salz, Kümmel und Fenchel nach Geschmack zugeben. In einer Tasse eine Gärprobe aus 3 Eßlöffel warmem Wasser, der Hefe und jeweils 1 Eßlöffel Roggen- und Weizenmehl bereiten. Geht die Hefe auf, dieses Dampfl mit der lauwarmen Kartoffelmasse und dem restlichen Mehl vermischen und zu einem festen Teig kneten. Nun zwei runde Laibe formen, diese in bemehlte Schüsseln legen und 10–12 Stunden (am besten über Nacht) mit einem Tuch zugedeckt aufgehen lassen. Dann die Laibe auf ein befettetes Blech oder Backpapier geben und im Backofen 1–1½ Stunden bei gleichmäßiger Hitze und unter wiederholtem Bestreichen mit Wasser bei ca. 180 °C backen.

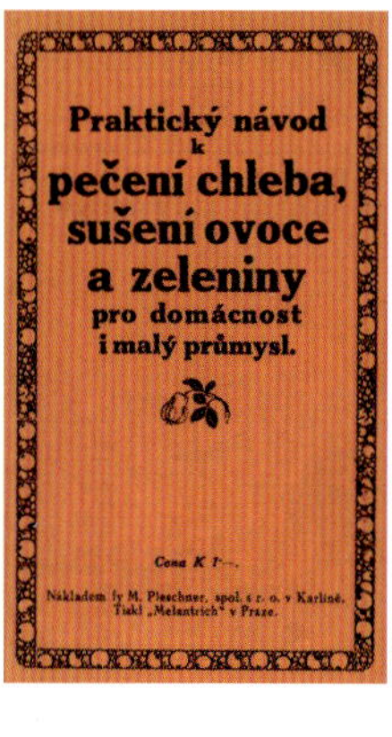

Martinikipferl

Svatomartinské rohlíčky

¼ kg Butter • 160 g Zucker • ½ kg glattes Mehl • ¼ l Schlagobers • 1 Prise Salz • ¼ l Milch • 100 g gemahlener Mohn • 10 g Vanillezucker • 1 Teelöffel Zimt • 1 Eßlöffel Rum • 1 Eßlöffel Honig • 1 Eßlöffel geriebenes Lebzelt • Staubzucker zum Bestreuen

Für den Mürbteig zunächst 200 g kalte Butter auf eine Unterlage raspeln, dann Mehl und 100 g Zukker zufügen. In eine Teigmulde Schlagobers und Salz zugeben, dann alles gründlich kneten. Den Teig in 6 Portionen teilen, diese zum Rasten in den Kühlschrank stellen.

Nun die Mohnfüllung zubereiten: In eine Kasserolle Milch, Mohn, Lebzelt, 60 g Zucker, Vanillezucker und Zimt geben. Die Masse bei geringer Flamme einkochen lassen, dann vom Herd nehmen und nach Geschmack Rum und Honig zugeben. Die einzelnen Portionen des Teiges aus dem Kühlschrank nach und nach 4 mm dick auswalken. Aus dem Teig Dreiecke schneiden, diese mit der Mohnfüllung bestreichen und zusammenrollen, wobei an der breitesten Seite zu beginnen ist. Zuletzt die Kipferl hufeisenförmig biegen. Die Spitzen ein bißchen eindrücken bzw. abstumpfen, damit sie beim Backen nicht anbrennen. Es macht nichts, wenn dabei ein wenig Füllung aus den Hörnchen fließt.

Die gefüllten Teigstücke auf ein mit Backpapier ausgelegtes Backblech legen, mit 50 g zerlassener Butter bepinseln und im vorgewärmten Ofen 20–25 Minuten bei 180 °C golden backen. Bei Bedarf die Kipferl während des Backvorgangs mit Butter bestreichen. Nach dem Herausnehmen aus dem Ofen mit Rum oder mit Butter benetzen und mit Staubzucker bestreuen.

Karlsbader Wasserzwieback
Karlovarské vřídelní suchary

5 g Hefe • 1 Eßlöffel Zucker • 50 g Mehl fürs Dampfl • ½ kg Mehl • Salz • Butter und Mehl fürs Blech • ⅛ l Karlsbader Sprudel

Aus Hefe, Zucker, 50 g Mehl und ein wenig lauwarmem Wasser eine Gärprobe bereiten, diese mit dem Mehl vermischen und mit ⅛ l lauwarmem Salzwasser oder Karlsbader Sprudel zu einem festen Brotteig kneten. Danach einen Wecken formen, den man über Nacht an einem kühlen Ort in einer gut bemehlten Bischofsbrotform aufgehen läßt. Am folgenden Tag den Wecken auf ein befettetes und bestäubtes Blech stürzen, mit Wasser bestreichen und etwa 50 Minuten in einem auf 180 °C vorgeheizten Ofen backen, dabei die Temperatur langsam reduzieren. Nach dem Erkalten den Zwieback in Scheiben schneiden und nochmals im warmen Rohr überbähen.

Prager Zwieback
Pražské suchary

100 g Butter • 2 Eidotter • 150 g Zucker • 380 g Mehl • ¼ l Milch • die geriebene Schale einer halben Zitrone • Salz • Butter für die Form • 150 g Vanillezucker zum Bestreuen. Fürs Dampfl: *20 g Hefe • 20 g Mehl • 60 ml Milch • 10 g Zucker*

Die flaumig gerührte Butter mit Zucker, Eidottern, Mehl, Salz, Milch und Zitronenschale und einer Gärprobe aus Hefe zu einem weichen Teig vermengen, diesen gut abschlagen, bis er sich vom Kochlöffel löst. Darauf den Teig in eine mit Butter ausgestrichene Bischofsbrotform füllen und eine Stunde an einem temperierten Ort gehen lassen. Dann den aufgegangenen Zwieback bei 150 °C Hitze etwa 45 Minuten backen.

Nach dem Auskühlen den Zwieback in Scheiben schneiden, im Rohr bei 150 °C bähen und heiß in Vanillezucker wälzen.

Salzbäckerei
Slané pečivo

300 g Butter • 300 g Mehl • Salz • 1 Ei • 2 Eidotter • Kümmel

Butter mit Mehl abbröseln, mit Salz, einem Dotter und einem ganzen Ei zu einem Teig kneten, diesen 30 Minuten an einem kalten Ort rasten lassen und anschließend ½ cm dick auswalken. Aus dem Teig runde, drei- oder viereckige Stücke ausstechen, diese mit Eidotter bestreichen, mit Salz und Kümmel bestreuen und auf einem unbestrichenen Blech bei 180 °C herausbacken.

NUDELAUFLAUF MIT JÄGERSALAMI

Kolínka s loveckým salámem

½ kg Hohlnudeln • ¼ kg Jägersalami • 2 Eßlöffel Öl • 1 große Zwiebel • 1 Teelöffel gerebelter Thymian • Pfeffer • 2 Eier • 200 ml Milch • Salz • Fett oder Butter für die Form

Die Nudeln in Salzwasser weichkochen, abseihen und in eine Schüssel legen. In einer Pfanne die kleingeschnittene Zwiebel und die gewürfelte Wurst goldbraun anrösten und mit Pfeffer und Thymian würzen. Nun alles mit den bereitgestellten Nudeln durchmischen und in eine mit Fett oder Butter ausgestrichene Auflaufform geben. Milch und Eier verquirlen, leicht salzen und eingießen. Etwa 30 bis 40 Minuten bei mittlerer Hitze backen.

Prager Schinken im Brotteig

Pražská šunka v chlebovém těstě

80 g Hefe • 1 Teelöffel Zucker • ½ kg Roggenmehl • ¼ kg Weizenmehl • 1 Eßlöffel Salz • 1 kg gekochten Schinken • 2–3 Eier • 75 g Butter

Die Hefe in ein Schälchen geben, mit ein wenig lauwarmem Wasser und Zucker verrühren und aufgehen lassen (Dampfl). In einer großen Schüssel das Roggenmehl mit dem Weizenmehl vermengen und salzen. Das Dampfl und 600 ml lauwarmes Wasser zugeben und zu Hefeteig verkneten. Den fertigen Teig leicht mit Mehl bestreuen und zugedeckt etwa eine halbe Stunde gehen lassen.

Auf einer mit Mehl bestreuten Arbeitsfläche den Brotteig etwa 1 cm dick ausrollen und mit der Hälfte der verquirlten Eier bepinseln. Nun den gekochten Schinken auf den Teig geben, sorgfältig einschlagen und die Kanten glattstreichen. Den gefüllten Brotlaib in eine mit Butter ausgestrichene Pfanne legen und mit den restlichen Eiern einpinseln.

Den Laib auf der Oberseite mehrmals mit einer Gabel einstechen und etwa 2½ Stunden bei 225 °C backen.

Brotsuppe

Chlebová polévka

150 g Schwarzbrot • 1 l Rindsuppe • 1 kleine Zwiebel • 1 Knoblauchzehe • 100 g saurer Rahm • Salz • Pfeffer • 1 Eidotter • Petersilie oder Schnittlauch • etwas Essig • optional 150 g Rind- oder Selchfleisch

Das altbackene Brot in Würfel schneiden und mit gehackter Zwiebel und zerdrücktem Knoblauch in Fett anrösten. Mit Rindsuppe übergießen und 10 Minuten kochen lassen. Danach die Masse pürieren, salzen und pfeffern. Den Eidotter mit Sauerrahm absprudeln und der Suppe beigeben, das Ganze mit ein wenig Essig abschmecken. Zuletzt mit Petersilie oder Schnittlauch bestreuen. Zum Aufbessern der Suppe eignet sich kleingeschnittenes Rind- oder Selchfleisch.

„Das Frühstück war immer einfach – kleine Brotscheiben, übergossen mit heißem Milchkaffee, mit dem Löffel gegessen. Manchmal gab es auch Dalken oder Kolatschen oder Bramboráky, die etwa am Vortag übriggeblieben waren. An Werktagen gab es zu Mittag meist fleischlose Gerichte, vor allem aus Erdäpfeln. Fast immer gab es eine Suppe, meist eine Erdäpfelsuppe mit einer Einbrenn und Gemüse. Auch das Abendessen war schlicht: heute Erdäpfelpüree mit gebratenen Zwiebeln und Milch, morgen wieder Schmalz- oder Butterbrot mit Milchkaffee, und oft die Reste vom Mittagessen. Fleisch gab es nur an Feiertagen, und dann vor allem Rindfleisch, dazu Dill- oder Kren- oder Tomatensoße. Als Beilage gab es oft Germknödel. In der warmen Jahreszeit gab es Rindfleisch mit Spinat und Erdäpfeln. Nur selten gab es Schweinefleisch, dann aber meist mit Kraut und Erdäpfeln.“

Jan Štarha

Kleine Gerichte

und kalte Speisen

Das Ehepar Jan und Štěpánka Paukert gründeten 1916 in Prag unweit des Nationaltheaters einen Delikatessenladen, dessen belegte Brötchen bald zu einem kulinarischen Höhepunkt bei verschiedenen Feiern und Festlichkeiten wurden. Selbst bei Empfängen auf der Prager Burg wurden Staatsgästen Paukerts Brötchen offeriert. Das 1952 enteignete Geschäft in der Národní wurde nach der Samtenen Revolution wieder geöffnet.

UNTEN: Prager Schinken über einer Holzkohlenglut gegrillt.

Eine ganze Armee von Standlern und Verkäufern mit Bauchladen sorgte sich um 1900 um das leibliche Wohl der Passanten in den Prager Gassen. Gurkenverkäuferinnen priesen ihre in Essig eingelegten Gewürzgurken, Konditormänner zogen mit Cremerollen durch die Weinstuben, bucklige Marktweiber hoben Salzmandeln, Nüsse und Kartoffelspalten über die Menge. Knaben in Matrosenanzügen, begleitet von weißgeschürzten Kindermädchen, umringten den Sodawasserpavillon im Prager Stadtpark oder wenigstens eine der Sodawasserbuden der Firma Zátka. Mit kindlichem Raffinement wurden umsichtige Nannys so gelenkt und gezerrt, daß man an einem der Stände vorbeikam, wo exotische Verkäufer mit rotem Fez türkischen Honig feilboten, kandierte Früchte, farbige Zuckerstangen oder Bärendreck, wie man zur Lakritze sagte. Würstelsieder, Brezelverkäufer und Maronibrater hielten Ausschau nach Kundschaft und die schwarzen, lokomotivartigen Fahrküchen bezogen ihren

Standplatz, um auf hungrige Nachtschwärmer zu warten. Unter dem Lichtkegel eines Gaskandelabers schenkte der Fahrverkäufer der palavernden Kundschaft dann Kaffee aus, goß Rum oder Sliwowitz dazu und fingerte Zigaretten aus einem Paket. Dem kleinen Hunger rückte der Herr des Gefährts für ein paar Kreuzer mit verschiedenen Labungen zu Leibe, wie etwa Kolatschen oder Buchteln, oft auch Würstel oder Krenfleisch. Weit nach Mitternacht spannte der Trakteur den alten Hund vor das Werkel, der die halbe Nacht auf einer Decke neben dem „Café Kandelaber" geschlafen hatte, und zockelte seiner Vorstadtbehausung zu.

Szenenwechsel: Um die zehnte Stunde freute man sich in den Tintenburgen des alten Österreichs auf das „Gabelfrühstück". Dieses einzunehmen strebte der Herr Amtsrat seinem angestammten Bierlokal zu, wo ihm dann der Oberkellner ein „Paprika" vorsetzte, wie man zum Gulasch sagte, flankiert von einem gepflegten Bier.

Für den kleinen Hunger zwischendurch gibt es in tschechischen Gaststätten auch heute eine Vielzahl von Imbissen – gefüllte Eier, eingelegte Zwiebeln, Geflügel-, Wurst- und Gurkensalate, Omeletten und Sülzen, vor allem aber der vielgerühmte, seit 1857 über Buchholzglut geräucherte Prager Schinken *(pražská šunka)*, dessen charakteristische Würze von Koriander, Pfeffer und Lorbeerblättern herrührt. Prager Schinken wird vom Stück geschnitten, in Brotteig ummantelt oder als Rolle mit Schlagobers und Kren genossen. Nicht nur im heimatlichen Böhmen wird der rosafarbene Beinschinken mit dem zartweißen Speckrand verzehrt, er wird auch in stattlichen Mengen in die ganze Welt exportiert.

OBEN: Prager Schinken wird scheibchenweise abgeschnitten • UNTEN: Jägersalami *(lovecký salám)* für die einfache Jause zwischendurch.

Für den rustikalen Geschmack stehen auf dem Schanktisch einfacher Gaststätten Fünf-Liter-Einmachgläser mit *utopenci* bereit, zu deutsch etwa „Ertrunkene", wie die in süßsaurer und gewürzter Marinade eingelegten Knackwürste *(špekáčky)* mit Zwiebeln in wörtlicher Übersetzung heißen.

Beliebte Gerichte gegen den kleinen Hunger sind auch der marinierte Weißschimmelkäse *(nakládaný hermelín)*, mit Essig, Öl und Zwiebel abgemachte Presswurst *(tlačenka)* oder in essigsaurem Aufguß eingelegte und mit Weißkraut gefüllte Heringsröllchen *(zavináče)*. Als Kraftjause für Bierkenner genießen die in Öl oder Schmalz gebratenen und mit Knoblauch eingeriebenen Mischbrotschnitten *(topinky)* kultische Verehrung, zu denen Kenner Beef Tartare bestellen. Die braungerösteten *topinky* müssen unverzüglich in den Mund – kühlen sie aus, werden sie hart wie Stein.

Figurbewußte Genießer bevorzugen den nahezu fettfreien Olmützer Quargel *(olomoucké tvarůžky)* aus Mähren. Der aromatische Magerkäse wurde schon im 16. Jahrhundert in der Bischofsstadt, in der Hanna und im Kuhländchen von sogenannten „Kasstechern" hergestellt und nach allen Metropolen des alten Österreichs verschickt. Zur Zeit Maria Theresias verlagerte sich die Quargelerzeugung in das nahegelegene Dorf Nebotein *(Hněvotín)*, wo ab 1772 mancher Milchbauer mit der Herstellung der würzigen Käsespezialität zu stattlichem Wohlstand gelangte. Selbst im fernen Frankreich kannte man den Leckerbissen als *fromage de Nebotein*. Ab 1878 produzierte Alois Wessels die Magerkäsespezialität in Loschitz *(Loštice)*, wo sich heute noch eine Herstellungsstätte für Olmützer Quargel befindet.

Traditioneller Olmützer Quargel in Scheiben-, Räder-, Stangen- und Würfelform. Die in Böhmen auch als „Käslein" *(syrečky)* bekannte Delikatesse galt zusammen mit Brot als ideale Jause für den bäuerlichen Alltag.

Wem die strenge Duftnote dieser Käsespezialität nicht zusagt, der findet vielleicht Gefallen am Brimsen *(brynza)*, einem gesalzenen Frischkäse aus Schafsmilch, der nicht nur zu Haluschken, sondern auch aufs Brot geschätzt wird. Mit Brimsen oder Topfen, Butter, Schnittlauch und Zwiebel wird ein Brotaufstrich zubereitet, der um 1900 unter der rätselhaften Bezeichnung „Toleranz" zum Frühstück oder zur Jause gegeben wurde.

LINKE SEITE

OBEN LINKS: Eingelegte Würste *(utopenci)* • OBEN RECHTS: Abgemachte Presswurst *(tlačenka)* • UNTEN: „Einzelbissen" *(jednohubky)*.

Marinierter Hermelín

Nakládaný hermelín

Für 8 Portionen: *Für ein Fünfliterglas benötigt man 2–3 l Sonnenblumenöl • 8 Stücke Hermelinkäse (oder 8 Stücke runden Camembertkäse) mit einem Durchmesser von etwa 8 cm • eine Prise Salz • 8 Knoblauchzehen • 1 Teelöffel Rosenpaprika • 1 Teelöffel edelsüßer Paprika • 100 g geriebene Walnüsse • 3 große Zwiebeln • 8 Lorbeerblätter • 15 g Neugewürz • 15 g Pfefferkörner • 300 g Pfefferoni scharf • ½ kg eingelegte süßsaure Pfefferoni (mild)*

Die Knoblauchzehen zerdrücken, mit dem Paprika und den gemahlenen Walnüssen vermengen und leicht salzen. Die Käselaibchen in zwei gleichdünne Scheiben halbieren, beide Hälften mit der vorbereiteten Füllmasse bestreichen und wieder zusammenfügen. Das Glas schichtweise füllen: Auf eine Käsescheibe folgt eine Lage mit geschnittenen Zwiebeln, Lorbeerblättern, Neugewürz, Pfefferkörnern und 4 Pfefferoni (je 2 scharf und 2 mild), dann wieder Käse und weiter so bis zur vollständigen Füllung des Glases. Zuletzt das Gebinde mit Öl auffüllen. Dann das Glas für 1–2 Tage an einem kühlen Ort aufbewahren, damit der Käse ein wenig reifen kann. Dazu mundet tschechisches Bier.

Als schmackhaftes Mitbringsel anno 1900 galt der grüne, mit Gebirgskräutern stark gewürzte Koppenkäse aus dem böhmisch-schlesischen Schneegebirge, dessen kleine Laibe im Freien auf den schmalen Fenstersimsen der Bauden zum Trocknen aufgehängt wurden. Zu den Riesengebirgsdelikatessen zählte auch die weit über die Landesgrenzen hinaus geschätzte Gebirgsbutter aus Hohenelbe, die bis Hamburg und Stettin gehandelt wurde.

Gebackener Käse

Smažený sýr

4 Schnitten von Edamer oder Gouda (ca. 1 cm dick) • 100 g glattes Mehl • 2 Eier • 3 Eßlöffel Milch • Semmelbrösel • Fett zum Anbraten

Die Käseschnitten im Mehl, den in Milch verquirlten Eiern sowie den Bröseln panieren. Die Panierschicht sollte recht dick werden, damit der Käse beim Anbraten nicht ausfließt. Dann die panierten Käsestücke in heißem Fett goldbraun backen. Als Beilage gekochte Kartoffeln oder Bratkartoffeln und Sauce tartare reichen.

Gefüllte Schinkenröllchen

Šunkové závitky

8 Scheiben Schinken • 30 g frischen Kren • 1 Zitrone • 1 Messerspitze Puderzucker • 1 Prise Salz • weißer Pfeffer • ¼ l Schlagobers

Den feingeriebenen Kren mit Zitronensaft beträufeln, leicht zuckern, salzen und mit Pfeffer abschmecken. Das steifgeschlagene Obers in die Masse unterheben, dann die Schinkenscheiben mit der Füllung bestreichen und zusammenrollen. Einen Teil der Füllung zum Dekorieren verwenden.

Quargeltoleranz

Tvarůžková pomazánka

200 g Frischkäse (pomazánkové máslo) • 200 g Olmützer Quargel • 3–4 Jungzwiebeln • 1 Eßlöffel eingelegte rote Paprika • 1 Eßlöffel Schnittlauch • Pfeffer • 3–4 Eßlöffel helles Bier

Den Frischkäse mit dem kleingeschnittenen Quargel gut verrühren, danach die geschnittenen Zwiebeln, Paprika und den Schnittlauch dazugeben und alles pfeffern. Nach und nach das Bier beimengen, gut durchmischen und kaltstellen. Eventuell auch an den Folgetagen noch ein wenig Bier zugeben. Der Aufstrich, der ca. 1–2 Tage vor dem Verzehr zubereitet werden soll, wird auf Brot oder Vollkorngebäck angerichtet.

Böhmische Suppen

Flüssige Kraft für den ganzen Tag

„Die Suppe ist der Grund ... und Fleisch ist dann der Spund", lautet eine alte böhmische Küchenweisheit. Dabei ist die Suppe seit einem halben Jahrtausend viel mehr als nur ein Appetitanreger fürs Hauptgericht. Im Mittelalter noch weitgehend unbekannt, eroberten die flüssigen Elixiere seit dem 16. Jahrhundert die Menüzettel. Als Kraut, Graupen-, Pilz-, Wein- oder Kuttelflecksuppe, und in zahlreichen weiteren Varianten, bleiben sie das unverzichtbare Entrée sowohl an Werk- als auch Festtagen.

Zu den beliebtesten Suppen zählt die Knoblauchsuppe *(česnečka),* zubereitet mit geriebenem Knoblauch, gekochten Kartoffeln, gerösteten Brotwürfeln und Kümmel. Ebenfalls knoblauchwürzig kennt man die einst alltägliche Erbsensuppe *(hrachová polévka).* Die im 18. Jahrhundert zur Labung von Kranken beliebte Suppe aus Dünnbier *(gramatika)* ist schon lange aus dem kulinarischen Arzneischatz Böhmens verschwunden. Dafür setzte sich mit zunehmendem Kartoffelanbau die *herteplovica* vulgo Erdäpfelsuppe bzw. Kartoffelsuppe *(bramboračka)* durch, ein mit Suppengemüse bereiteter und mit Liebstöckel oder Majoran potenzierter Kraftstoff. Erdäpfel gehören neben Paprika zu den obligaten Ingredienzien der Gulaschsuppe *(gulášová polévka)*, die in vielen Prager Gasthäusern auf der Speisekarte steht. Aus der mährischen Walachei stammt die *kyselica,* eine aus Sauerkraut und saurem Rahm gekochte Suppe mit gerösteten Brotwürfeln. Gerade in der mährischen Hanna verstehen sich die Köche auf die Zubereitung würziger Quargelsuppen. Vom Böhmerwald aus hat sich die mit Milch oder Rahm sowie mit Pilzen und Kartoffeln bereitete *kulajda* über das ganze Land verbreitet. In den deutschen Dörfern schätzte man Obstsuppen aus Kirschen,

Birnen, Äpfeln oder Zwetschken, im Sommer kühl genossen, und aus gedörrten Früchten heiß aufgekocht im Winter.

An Sonntagen köcheln im ganzen Land Rindsuppen *(hovězí polévka)* auf den Sparherden, mit Nudeln, Frittaten oder Leberknödeln als Einlage. Die Geflügelsuppe *(kuřecí polévka)* gilt dagegen als Fastenspeise, wiewohl sie einst kulinarisches Herzstück einer jeden Bauernhochzeit war. Fleischhaltige Suppen kamen an Werktagen selten auf den Tisch, außer zur Schlachtzeit, wo die Speisenfolge traditionell mit einer zünftigen Schlachtsuppe *(zabijačková polévka)* eröffnet wurde. Nach dem sonntäglichen Kirchgang gönnte man sich als Festtagsschmaus eine Kuttelflecksuppe *(dršťková polévka)* beim dörflichen Kirchenwirt. Den Gipfel jeglicher Suppenherrlichkeit bildet die echte böhmische Krautsuppe *(zelňačka)* mit würziger Selchwurst *(klobása)* und manchmal auch mit saftigen Rindfleischwürfeln. Ein einziger Teller genügt da selten und für Braten, Knödel und Gugelhupf bleibt oft kein Platz mehr im Bauch.

Linsensuppe

Čočková polévka

¼ kg Tellerlinsen • Wurzelwerk (¼ Sellerie, 1 große Petersilie, 2 Karotten) • 1 mittelgroße Zwiebel • ½ Eßlöffel Butter • 1 Eßlöffel Mehl • Paradeismark • Salz • 1 Lorbeerblatt • Majoran • Pfeffer • Zitronensaft oder Essig • Zucker • ⅛ l Obers • Knoblauchpulver • 100 g Speck

Die vorgeweichten Linsen mit dem Lorbeerblatt und dem Majoran in ½ l Salzwasser weichkochen. Die feingeschnittene Zwiebel und das Wurzelwerk in Butter anschwitzen lassen, mit Mehl stauben, mit der Linsensuppe aufgießen, mit Paradeismark würzen und ca. ½ Stunde kochen. Nun mit Salz, Pfeffer, Zitronensaft (oder etwas Essig), ein wenig Zucker und Knoblauchpulver abschmecken. Abschließend mit Obers legieren und angeröstetem Speck garnieren.

Knoblauchsuppe

Česnečka

4 mittelgroße Kartoffeln • 3–4 Knoblauchzehen • Salz • Majoran • Kümmel • 1 Eßlöffel Öl • 100 g altbackenes Brot oder altbackener Semmeln

Die Kartoffeln schälen, würfeln und in einem Liter gesalzenen Wasser mit Kümmel weichkochen. Gegen Ende der Kochzeit den passierten Knoblauch zugeben, mit Salz, Majoran und Kümmel abschmecken. Die Suppe mit den in Öl angerösteten Brot- oder Semmelwürfeln auftragen.

Bohnensuppe
Fazolová polévka

200 g Bohnen • 1 Paar paprizierte Selchwürste • 150 g Speck • 30 g Mehl • 2 Eßlöffel Öl oder Schweinefett • 1 große Zwiebel • 2 große rote Paprika • 2 Teelöffel edelsüßer Paprika • Salz • Pfeffer • 1 Prise gemahlene Chili • 2 Knoblauchzehen • 2 Eßlöffel Petersilie • 4–6 Eßlöffel Sauerrahm

Sofern nicht vorgekochte Bohnen verwendet werden, die Hülsenfrüchte über Nacht in 1 ½ l Salzwasser vorweichen. Am nächsten Tag zusammen mit den in Scheiben geschnittenen Selchwürsten im Einweichwasser kochen. Den Speck, die feingeschnittene Zwiebel, eine zerdrückten Knoblauchzehen, die gewürfelten Paprikastücke zusammen mit dem edelsüßen Paprika anrösten. Das Ganze mit Mehl stäuben, alles zu den Bohnen einrühren und verkochen. Die Suppe vor dem Servieren mit Salz und Pfeffer abschmecken, den Sauerrahm untermischen und mit feingehackter Petersilie bestreuen.

Gulaschsuppe

Gulášová polévka

½ kg hinteres Rindfleisch (Wade) • 60 g Schweinefett • ¼ kg Zwiebeln • 1 Teelöffel edelsüßer Paprika • ½ Teelöffel Rosenpaprika • Salz • Majoran • gemahlener Kümmel • 1 Knoblauchzehe • 10 g Mehl • 2–3 kleine Kartoffeln • ca. 1 ½ l Rindsuppe oder Wasser • scharfe Pfefferoni oder Chili nach Geschmack

Zunächst die feingeschnittenen Zwiebeln in heißem Fett anrösten und paprizieren. Das Rindfleisch würfelig schneiden und hinzugeben, mit der zerdrückten Knoblauchzehe sowie mit Salz, Majoran und Kümmel würzen und kurz anrösten. Mit etwas Rindsuppe oder Wasser ablöschen und zugedeckt weichdünsten. Zwischendurch immer wieder umrühren. Wenn das Fleisch weich ist, mit Mehl stäuben und mit Rindsuppe oder Wasser aufgießen. Zuletzt die gewürfelten Kartoffeln beigeben und mit der Suppe fertigkochen. Für Liebhaber scharfer Gerichte vor dem Anrichten feingeschnittenen Pfefferoni oder Chili zugeben. Die Gulaschsuppe sehr heiß mit Brot servieren.

In den frühen Morgenstunden pflegten manche Prager Wirtshäuser für die Marktfahrer eine „Frühsuppe“ anzubieten, die besonders in den kalten Wintermonaten nach der oft stundenlangen Anreise im Bauernwagen ein willkommenes Labsal war.

„Ich bin von klein auf an Suppe zum Frühstück gewöhnt, saure Suppen zumeist, davon halten wir im Gebirge sehr viel. Saure Suppe und Kartoffeln zum Frühstück, zu Mittag Kartoffeln und saure Suppe, und zum Abendessen ebenso; am Sonntag ein Stück Haferbrot. Das ist die Nahrung des armen Volkes im Riesengebirge jahraus, jahrein, und man dankt Gott, wenn es daran nicht mangelt, aber recht oft ißt man sich nicht einmal an Kleie satt. Weiter in die Ebene hinaus, dort hat jeder bereits sein bißchen Erbsen, weißeres Mehl, Kohl und so weiter, auch ein Stückchen Fleisch von Zeit zu Zeit; denen geht's schon wohl. Aber ein Herrenessen darf sich der gemeine Mann nicht angewöhnen, sonst käme er bald auf den Hund. Auch möchten ihm die Näschereien wenig Kraft geben."

Božena Němcová,
Die Großmutter

Krautsuppe
Zelňačka

40 g geräucherter Speck • 1 Eßlöffel Öl • 1 Zwiebel • 2 Knoblauchzehen • 2 Teelöffel edelsüßer Paprika • ½ kg Sauerkraut • Salz • ½ Teelöffel Kümmel • 1½ l Rindsuppe • 2 Kartoffeln • 200 g saure Sahne • 200 g Selchwurst oder Frankfurter • 50 g Butter oder Schmalz • 50 g Mehl

Den geräucherten Speck würfeln und in einem großen Topf mit ein wenig Öl auslassen. Die feingewürfelten Zwiebeln und zerdrückte Knoblauchzehen dazutun und glasig andünsten. Edelsüßen Paprika einrühren, Sauerkraut und die halbe Rindsuppe zugeben. Mit Salz und Kümmel würzen und das Ganze zum Kochen bringen.

In einer Pfanne aus Butter oder Schmalz und Mehl eine Einbrenn herstellen und diese mit der anderen Hälfte der Rindsuppe ablöschen. Die Einbrenn unter die Suppe rühren und etwa 15 Minuten auf mittlerer Stufe kochen lassen. Kartoffeln schälen, würfeln und zugeben, weitere 15 Minuten sieden. Zuletzt sauren Rahm hinzufügen, dann nicht mehr aufkochen. Je nach Geschmack kann man Selchwurst oder Frankfurter Würstchen in die Suppe schneiden (Abb. S. 43 oben).

Erdäpfelsuppe
Bramboračka

2 kleine Zwiebeln • 100 g Karotten • 50 g Petersilienwurzel • 50 g Sellerie • 1 kleine Stange Porree • 100 g Butter • ½ kg Erdäpfel • ½ Teelöffel Kümmel • etwas Majoran • 2 Knoblauchzehen • 70 g Mehl • Salz • Petersilie

Zwiebeln, Karotten, Petersilienwurzel, Sellerie und Porree würfeln und auf 30 g Butter dünsten. Dann mit 1½ l Wasser ablöschen, die geschälten, in kleine Würfel geschnittenen Erdäpfel dazugeben und salzen. Etwa 15–20 Minuten fast garkochen und mit Kümmel, etwas Majoran und dem zerdrückten Knoblauch würzen. 70 g Butter im Topf erhitzen und Mehl einrühren. Kurz aufschäumen lassen, mit der Erdäpfel-Gemüsebrühe ablöschen und zu der Suppe geben. Weitere 5 Minuten köcheln. Zuletzt mit Salz abschmecken und mit gehackter Petersilie bestreuen (Abb. S. 43 Mitte).

Kuttelflecksuppe
Dršťková polévka

½ kg vorgekochte, geschnittene Kuttelflecken • ½ kg hinteres Rindfleisch • 1 Zwiebel • 1 Karotte • ¼ Sellerie • 1 Petersilienwurzel • 2 Knoblauchzehen • Majoran • edelsüßer Paprika • 150 g Paradeismark • Pfeffer • Salz • 30 g Butter oder Schmalz • 40 g Mehl

Die Kuttelflecken mit kaltem Wasser durchspülen, dann etwa eine halbe Stunde kochen, abgießen und abtropfen lassen. Das Rindfleisch in kleine Würfel schneiden und mit dem kleingeschnittenen Wurzelwerk in 1½ l leicht gesalzenem Wasser weichkochen, die Kuttelflecken beigeben und mit Salz, Knoblauch, Majoran, edelsüßem Paprika und Pfeffer würzen. Das Ganze 30 Minuten bei kleiner Flamme köcheln lassen. Die gewürfelte Zwiebel in Butter oder Schmalz anrösten, Paradeismark hinzufügen, mit Mehl stäuben und mit Wasser ablöschen. Diese Einbrenn in die Suppe geben und weitere 10 Minuten kochen lassen (Abb. S. 43 unten).

Rindsuppe mit Leberknödeln
Hovězí polévka s játrovými knedlíčky

Für 6 Portionen

Braune Rindsuppe: *¾ kg kleingehackte Rindsknochen • 2 Eßlöffel Öl • 40 g Rindsleber • 40 g Milz • 1 Möhre • 1 Petersilienwurzel • 30 g Selleriewurzel • 1 Zwiebel • 25 g Salz • 1 ¼ kg vorderes oder hinteres Rindfleisch*

Leberknödel: *¼ kg Rindsleber • 50 g Milz • 3 Semmeln • 1/16 l Milch • 1 kleine Zwiebel • Petersiliengrün, gehackt • 40 g Schweineschmalz • Salz • Pfeffer • Majoran • 1 Knoblauchzehe • 2 Eier • 40–50 g Semmelbrösel*

Braune Rindsuppe: In heißem Öl werden kleingehackte Rindsknochen, kleinwürfelig geschnittene Rindsleber und Milz, die zerkleinerte Möhre so wie Petersilien- und Selleriewurzeln angeröstet und, wenn sich die Wurzeln gelb färben, blättrig geschnittene Zwiebeln hinzugefügt. Sobald das Wurzelwerk und die Zwiebeln braun geworden sind, werden sie nach Abgießen des überschüssigen Fettes mitsamt dem übrigen Pfanneninhalt in 2½ l kaltes Wasser gemengt und zum Kochen gebracht. Das Rindfleisch wird in die heiße Brühe eingelegt und gesalzen. Anschließend läßt man die Suppe einmal aufwallen, um sie dann bei verminderter Hitze gelinde weiterzukochen (aber nicht wallen oder sieden lassen!).

Wenn das Fleisch weich ist, wird das an der Oberfläche der Suppe schwimmende Fett abgeschöpft und die Rindsuppe durch ein Sieb geseiht.

LEBERKNÖDEL: Die Leber und die ausgedrückte Milz mit den entrindeten, in etwas Milch geweichten und ausgepreßten Semmeln sehr fein faschieren. Die feingeschnittene Zwiebel und die Petersilie in heißem Fett anschwitzen und zur Leber-Semmel-Masse geben. Anschließend alles gut verrühren, mit Salz, Pfeffer, Majoran und zerdrücktem Knoblauch würzen, mit den Eiern vermengen, abschmecken und mit den Bröseln festigen, bis sie die Form hält. Nun die Masse im Kühlschrank etwas ziehen lassen. Zuletzt daraus mit nassen Händen kleine Knödel formen und diese 10 Minuten auf niedriger Flamme in siedendem Salzwasser kochen. Die Leberknödel werden als Einlage in die Rindsuppe gegeben.

Paradeisapfelsuppe

Rajská polévka

¾ kg Paradeiser • 70 g Butter • ¼ Zwiebel • 5 Neugewürzkörner • 5 Pfefferkörner • ¼ Lorbeerblatt • 30 g Mehl • 1 l Rindsuppe • Salz • Pfeffer • etwas Zucker • Sauerrahm • 1 Tasse gekochten Reis oder Nudeln • Petersilie

Die feingeschnittene Zwiebel in 30 g heißer Butter anschwitzen, die gewaschenen und zerdrückten Paradeiser dazugeben und weichdünsten.

Nun aus der restlichen Butter und aus dem Mehl eine lichte Einmach bereiten, die weichgedünsteten Paradeiser dazugeben. Das Kochgut mit der Rindsuppe zur gewünschten Menge aufgießen und würzen, dann alles kochen, passieren und abschmecken. Beim Servieren einen Eßlöffel Sauerrahm und ein bißchen gehackte Petersilie zur Dekoration auf die Suppe geben. Als Suppeneinlage gibt man meist gekochten Reis oder Nudeln.

Böhmische Pilzsuppe

Kulajda

1 Handvoll getrockneter Pilze • 1 Zwiebel • 2 Eßlöffel Butter • 2 Eßlöffel Mehl • 4 Kartoffeln • 5 Neugewürzkörner • 5 Pfefferkörner • 1 Lorbeerblatt • 200 ml Sauerrahm • Dill • gemahlener Kümmel • Salz • Pfeffer aus der Mühle • 1–2 Eßlöffel Essig • ein wenig Zucker • 2 Eier

Zunächst die getrockneten Pilze für etwa eine Stunde in Wasser einweichen. Die Zwiebel kleinschneiden, in Butter anrösten und mit Mehl bestäuben. Nach kurzem Rühren das Ganze mit 1½ l Wasser übergießen, die würfelig geschnittenen Kartoffeln, Pilze, Pfeffer- und Neugewürzkörner, den Kümmel und das Lorbeerblatt dazugeben. Alles etwa 20 Minuten lang kochen, bis die Kartoffeln und die Pilze weich sind. Zum Schluß den Sauerrahm und den Dill dazugeben und die Suppe mit Salz, Pfeffer, Essig und ein wenig Zucker süßsauer abschmecken. Dann 2 Eier in die heiße Suppe hineinschlagen und mäßig verquirlen.

Alles Knödel

Salzig und süss

Es ist Donnerstag, der klassische Knödeltag in vielen tschechischen Familien. Mit köstlicher Fracht erscheint die Hausköchin in der Küchentür, deftige Leckerbissen hochaufgetürmt in einer tiefen Steingutschüssel. Jedes böhmische Mädchen, so heißt es, müsse vor der Hochzeit mindestens ein Dutzend verschiedener Knödelrezepte beherrschen. Salzig oder süß, länglich oder rund – die Knödel sind die Gardetruppen der kulinarischen Regimenter Böhmens.

Der Begriff Knödel *(knedlík)* läßt sich herleiten vom mittelhochdeutschen „knode“, was so viel heißt wie „Knoten“. Die Anzahl der Zubereitungsformen ist schier unendlich. Im Mittelalter wurden Knödel aus Kalb-, Hammel-, Gänse-, Hühner- und Kapaunenfleisch oder Fisch geformt. Auch Leber- und Speck-, Krebs- und Rogen-, Wild- und Hasenknödel verspeisten die Ritter und ihr Gefolge, und was sonst noch an rundlich-sinnlichen Gebilden aus gehacktem Fleisch auf die Tische kam. Der teigummantelte Knödel unserer Tage war damals unbekannt. Vielleicht ging die Erfindung des Knödels so: Einmal war zu wenig Schweinernes da für die vielen hungrigen Mäuler und so ließ der Koch die Fleischmasse nicht nur mit Brot, Mehl oder anderen Zutaten strecken, sondern mit einer eigenen Schale aus Teig umhüllen. Besonders Brot und Hafer kamen für die Hülle in Frage, aber auch Brösel, Hirse und Gerste, Mais und Reis eigneten sich bestens. Aus den Kombinationen ergab sich eine beachtliche Vielfalt von regionalen Knödelvarianten – einmal klein wie Murmeln für die Suppe, dann wieder füllig wie Kanonenkugeln zum Hauptgericht. Im Brotknödel ist die Fleischmasse oft zur Gänze durch Brot oder Semmelteig ersetzt, dabei konnten allzu große Knödel leicht auseinanderfallen. Um dies zu verhindern, band ein gewitzter Urahn die Knödelanwärter in einen Stoffsack oder bediente sich vielleicht auch

Linke Seite: Der längliche Knödel der tschechischen Küche wird mit einem speziellen Schneidegerät *(kráječ)* in Scheiben geschnitten.

Unten: Stolz präsentiert eine Köchin die soeben fabrizierte Knödelfracht, ca. 1975.

einer Serviette – und fertig war der allseits beliebte Serviettenknödel. Als Knödel nach Wiener Art ging er um die Welt, und als solcher hat er auch in den Böhmischen Ländern freundliche Aufnahme gefunden.

Geradezu archetypisch für die böhmische Küche wurden die in flache Scheiben geschnittenen Semmelknödel. Wohl erst im 18. Jahrhundert, als die neue Knollenfrucht zu ihrem Siegeszug ansetzte, konnte auch der Kartoffelknödel Fuß fassen. Aus ihm gingen im 20. Jahrhundert so populäre Neuschöpfungen wie Kroketten *(krokety)*, Rösti, Gratins und *bramboráky* hervor, wie die Kartoffelpuffer im Tschechischen heißen. Kartoffelknödel werden in aller Regel als Beilage zu Enten- oder Gänsegerichten serviert. In der ganzen Monarchie waren sie zudem gefüllt mit geselchtem Fleisch beliebt. Als tschechische Spezialität gelten dagegen Strapaziknödel *(chlupaté* oder *střapaté knedlíky*, etwa: behaarte oder zerzauste Knödel*)* aus Mehl und geriebenen und ausgepreßten Rohkartoffeln, deren Herstellung eine „Strapaz" waren. Schdrapátssi-Gníala, wie man im Egerland sagte, werden als Zuspeise zu geselchtem Fleisch und Kraut verzehrt, schmecken aber auch zu Brimsen sowie zu Wildgulasch mit Pilzen.

Süße Knödel, wie Apfel- und Reisknödel mit Zimt und Ingwer, sind die böhmische Spielart der Versuchung schlechthin, bevorzugt zubereitet aus Germ- oder Topfenteig. Mit Obst gefüllt werden sie vor dem Servieren mit Topfen, Zucker oder Mohn bestreut und zur Vollendung mit heißer Butter beträufelt. Verwendung finden frische Früchte je nach Saison: zuerst Rhabarber, dann Erdbeeren, Kirschen, Sauerkirschen, Heidelbeeren, Marillen und schließlich Ringlotten, Pfirsiche, Mirabellen und Sommerbirnen. Die Krönung im Jahresreigen stellt das Rosengewächs der *prunus domestica* dar, unter Laien bekannt als gemeine Hauszwetschke *(švestka)*. Im Winter muß man sich dann mit getrocknetem Obst oder Powidl bescheiden, denn auf süße Obstknödel verzichten, das ist undenkbar zwischen Elbe und Moldau.

Speckknödel
Špekové knedlíky

150 g Selchspeck • 2–3 Semmeln • ½ kg festkochende Kartoffeln • 1 Ei • 20 g Schweinefett • 40 g Mehl oder Grieß • Salz • 1 große Zwiebel

Die Kartoffeln kochen und auskühlen lassen, dann schälen und feinreiben. Den Speck in Würfel schneiden, in einer Pfanne anbraten, die kleingewürfelten Semmeln beifügen und mitanbraten. Dann das Kochgut auskühlen lassen. Das Schweinefett und das Ei mit den geriebenen Kartoffeln vermengen, das Mehl sowie die mit Speck angerösteten Semmeln beimengen und den Teig mit Salz abschmekken. Nun runde Knödel formen und 8–12 Minuten bei kleiner Hitze kochen. Die Knödel mit Sauerkraut (S. 77) und goldig angerösteter Zwiebel servieren.

Anmerkung: Zunächst einen Knödel zur Probe sieden, zerfällt dieser dabei, muß dem Teig noch Mehl zugegeben werden.

Strapaziknödel
Chlupaté knedlíky

¾ kg mehligkochende Erdäpfel • ⅛ l Milch • 2 Eier • Salz • ¼ kg griffiges Mehl • 2 Zwiebeln • 120 g Schmalz • 200 ml Rahm • 1 Teelöffel Butter

Die geschälten und geriebenen Erdäpfel in eine Schüssel geben und mit kochender Milch überbrühen, damit sie sich nicht verfärben. Dann mit Salz, einem Ei und Mehl zu einem festen Teig kneten. Mit einem Eßlöffel einzelne Stücke ausstechen und diese je nach Größe 5–8 Minuten in siedendem Salzwasser kochen. Mehrmals wenden, damit sich die Knödel nicht am Boden anlegen. Wenn sie gar sind, die Knödel auf vorgewärmte Teller legen, mit gerösteten Zwiebeln garnieren und dem heißen Schmalz übergießen. Zusammen mit Grammeln oder Sauerkraut servieren.

Das heiße Wasser, in dem die Knödel gekocht wurden, im Topf belassen, den Rahm hinzufügen und die Butter darin auflösen. Zum Schluß ein verquirltes Ei einrühren und kurz aufkochen. So entsteht die sogenannte *chundelka*, in die man die Strapaziknödel vor dem Verzehr taucht.

Fundgrube für Kenner: *Das große Knödelkochbuch* des Knödelherstellers *Knedlíky Láznička* mit Dutzenden Gerichten aus der Böhmischen Knödelküche.

Topfenknödel
Tvarohové knedlíky

150 g Butter für den Teig • 5 Eier • ½ kg Topfen • Salz • 200 g grober Weizengrieß • 100 g Semmelbrösel • 150 g Butter zum Anrösten

Die flaumig gerührte Butter mit Eidottern, Topfen, Salz und Grieß gut verrühren und einige Minuten stehen lassen, damit der Grieß aufquillt. Aus dem Eiklar Schnee schlagen und in den Teig unterheben. Knödel formen und einen davon zur Probe in Salzwasser kochen. Ist der Teig zu fest, einfach einen Löffel sauren Rahm oder Milch dazugeben, ist er zu locker, einen Löffel Grieß oder Semmelbrösel untermengen. Die Knödel dann 12 bis 15 Minuten langsam in Salzwasser kochen und mit in Butter gerösteten Semmelbröseln bestreuen. Als Beigabe Powidlsoße, Zwetschken- oder Weichselkompott geben.

Kartoffelknödel
Bramborové knedlíky

Für 6 Portionen: *1 kg mehligkochende Kartoffeln • 300 g Grieß • 100 g griffiges Mehl • 1 Ei • 1 Eidotter • 1 Eßlöffel Schweineschmalz • 1 Teelöffel Salz*

Die Kartoffeln kochen, noch heiß schälen und reiben. Die Masse auf die Arbeitsfläche geben, in die Mitte eine Mulde drücken. Alle restlichen Zutaten beifügen und alles zu einem festen Teig verkneten. Daraus auf einer bemehlten Fläche 3 bis 4 längliche Knödel formen, diese sogleich in siedendes Wasser legen. Nach neuerlichem Aufkochen des Wassers die Knödel mit einem Kochlöffel vorsichtig vom Topfboden abheben, die Temperatur etwas reduzieren. Dann auf mittlerer Stufe 20 bis 25 Minuten köcheln lassen. Nach der halben Kochzeit vorsichtig wenden, mit Hilfe zweier Teller aus dem Kochtopf herausheben und die fertigen Knödel mit einem Bindfaden in Scheiben geschnitten servieren. Bild auf S. 54 links.

Karlsbader Knödel
Karlovarské knedlíky

½ kg trockene Semmelwürfel • 300 ml Milch • 2 Eier • ½ Teelöffel Salz • 1 Zwiebel • 3 Eßlöffel Petersilie • Muskatnuß • 3 Eßlöffel Mehl • Öl zum Anbraten

Die Zwiebel schneiden und in heißem Fett anrösten. Die Eier mit der Milch versprudeln und über die Semmelwürfel gießen, die Semmelwürfel etwas niederdrücken. Die angeröstete Zwiebel, die feingehackte Petersilie, Muskatnuß, Salz und Mehl beigeben, alles gut vermischen und 10 Minuten rasten lassen. Aus dem Teig längliche oder runde Knödel formen, diese in Mehl wenden und auf jeder Seite 10 Minuten in siedendem Wasser köcheln lassen. Es empfiehlt sich, einen Knödel zur Probe zu kochen, zerfällt dieser, so muß dem Teig Mehl beigegeben werden. Bild auf S. 54 Mitte.

Semmelknödel
Houskové knedlíky

15 g Hefe • 1 Teelöffel Zucker • 400 g griffiges Mehl • 1 Prise Salz • 3 Eigelb • ⅛ l Milch • 2 Semmeln • 40 g Butter

Die Hefe mit dem Zucker und ein wenig lauwarmem Wasser gut verrühren. Das Mehl und das Salz in eine Schüssel sieben, die flüssige Hefe, 3 Eigelb, ⅛ l Milch dazugeben und alles zu einem Hefeteig verkneten, der eine Stunde ruhen muß. Die Semmeln in Würfel schneiden, in der Butter anrösten und abgekühlt unter den Teig kneten, bis der Teig glatt und glänzend ist und nicht mehr am Kochlöffel kleben bleibt. Beim Umrühren bilden sich Luftblasen, die an der Oberfläche reißen. Auf einer bemehlten Arbeitsfläche zwei längliche Laibe formen, mit einem Tuch zudecken und weitere 15 Minuten gehen lassen. In einem großen Topf Salzwasser zum Kochen bringen, die Knödel hineingeben. Nach neuerlichem Aufkochen des Wassers die Knödel mit dem Kochlöffel vorsichtig vom Topfboden abheben, die Temperatur etwas vermindern. Ca. 20 Minuten kochen und nach der halben Garzeit die Knödel wenden. Diese sind fertig, sobald beim

Hineinstechen mit einem Holzspieß kein Teig mehr kleben bleibt. Anschließend den Laib herausnehmen, mit einem Bindfaden in dünne Scheiben schneiden und als Beilage zu verschiedenen Gerichten servieren. Bild auf S. 54 rechts.

Obstknödel
Kynuté ovocné knedlíky

15 g Hefe • 40 g Zucker • Salz • ¼ kg Mehl • 1 Ei • ¼ l Milch • 10 g Vanillezucker • 20 Erdbeeren oder Marillen • 150 g Staubzucker • 400 g geriebener Topfen • 200 g Butter

Die Hefe mit dem Zucker, einer Prise Salz und ein wenig lauwarmen Wasser gut verrühren. Das Mehl in eine Schüssel sieben, die flüssige Hefe, das Ei, die Milch und den Vanillezucker dazugeben und alles zu einem Hefeteig verarbeiten. Diesen mit Mehl bestreuen und 45 Minuten gehen lassen.

Den Teig zu einem dünnen Rechteck ausrollen und in zwanzig Quadrate schneiden. Das Obst waschen, auf den Teig legen und diesen mit feuchten Händen fest um die Frucht schließen. Danach die Knödel noch 5–10 Minuten auf der Arbeitsfläche gehen lassen.

Drei Liter Salzwasser zum Kochen bringen und die Obstknödel in 4 Portionen 8–10 Minuten bei mittlerer Temperatur garen. Die fertigen Obstknödel herausnehmen, mit einer Gabel einige Male einstechen und bis zum Anrichten warmstellen.

Die angerichteten Knödel bei Tisch mit Staubzucker und geriebenem Topfen bestreuen und mit zerlassener Butter begießen.

Eine mobile Fahrküche („Hotel Kandelaber") in Prag, um 1900.

M. BENEŠOVÁ-KAŠPAR
SALÁTOV
KUCHYN

Gemüsefreuden

Von Erdäpfeln, Kraut und Co.

Einen reichgedeckten Tisch finden Liebhaber von Obst und Gemüse in Böhmen und Mähren: Kirschen und Erdbeeren, Marillen und Zwetschken, Äpfel und Birnen in verschwenderischer Fülle. In zahlreichen Hausgärten, Glashäusern und Plantagen vor allem in den fruchtbaren Niederungen werden alle nur denkbaren Gemüsesorten gezogen – vom Blaukraut bis zur Zwiebel und in langer Reihe fort mit Erbsen, Karfiol, Kohl, Karotten, Lauch, Mangold, Paprika, Pastinake, Paradeis, Radieschen und Spinat. Weit verbreitet sind Kopf- und Eissalat *(hlávkový a ledový salát)*, abgemacht mit Sauerrahm oder in Essigwasser und oft mit ein wenig Zucker abgeschmeckt. Ein vom Balkan herstammender Fremdling, der sich eisern in einfachen Gaststätten hält, ist der aus Paradeisern, Gurken, Paprika, Zwiebeln und Schafskäse geschnittene *šopský salát*. In den Sommer- und Herbstmonaten bereichern Pilzgerichte und Speisen mit Waldfrüchten den Menüzettel, im Winter sind es Mandeln, Hasel- und Walnüsse. Während der kalten Jahreszeit werden Bohnen und Linsen zu dicken Breien oder Eintöpfen verarbeitet. Zu den wichtigsten Hülsenfrüchten früherer Zeiten gehörten Erbsen. Daß diese neben Graupen den Speiseplan der altböhmischen Küche dominierten, weiß ein altes Volkslied: Erbsen und Graupen, das ist dumm, die gibt es bei uns jeden Tag, aber Dalken aus weißem Mehl, nur einmal in der Woche *(Hrách a kroupy, to je hloupý, ty jsou u nás každej den, ale vdolky z bílý mouky jenom jednou za tejden!)*. Aus den grünen Hülsenfrüchten werden die klassischen Rösterbsen *(pučálka)* zubereitet, die drei Tage im Wasser liegen müssen, ehe sie aufquellen und mit Pfeffer und Salz bestreut in die Röhre kommen. Rösterbsen wurden in der Fastenzeit als Zuspeise zu Fischgerichten geschätzt. Nach den Fasten besserten die Köche dann das Gericht mit Zwiebeln und durchwachsenem Speck auf. Erst gegen Ende des 18. Jahrhunderts verdrängten Erdäpfel und Knödel die vormals allgegenwärtigen Erbsengerichte vom Speisezettel.

In vielen der verträumten Landstädtchen der Republik ist man auf regionale Produkte und Spezialitäten stolz. So gehen aus dem

Linke Seite

Oben: Vojtěch Bartoněk, *Rekruten*, 1888.

Unten links: Ein Korb mit heimischem Gemüse.

Unten rechts: Milada Benešová und Mařka Kašparová, *Salatküche*, Olmütz 1939.

„In der Vorratskammer, einem großen Raum gleich neben der Küche, gab es zahlreiche Schubladen, wie in einem Kaufmannsladen. Da waren Säcke voll Dörrzwetschken und gedörrten Apfelscheiben, da roch es nach exotischen Gewürzen und in einem großen Gestell warteten Eier wie die Soldaten auf eine Schlacht. Bis heute rieche ich den geheimnisvollen Duft in Omas Speisekammer, eine Mischung aus getrockneten Pilzen, Knoblauch, der in Netzen von der Decke hing, und Zitronat. In unzähligen Gläsern befanden sich Kompotte, Gurken und rote Rüben.“ Petr Den

Fast 500 Erdäpfelgerichte sind in diesem 1918 erschienenen tschechischen Rezeptbuch von Jaroslav Dvořák zur *Erdäpfelküche* versammelt.

südmährischen Znaim *(Znojmo)* alljährlich Tonnen delikater Pfeffergewürzgurken nach Wien und Prag und nach dem Rest der Welt, aus Eibenschütz *(Ivančice)* zarter Spargel, aus Bisenz *(Bzenec)* würziger Knoblauch. In den Ebenen um Kolin *(Kolín)* an der Elbe wächst ein von Kennern gepriesener Kren, in Wschetat *(Všetaty)* nördlich von Prag verweist man auf die besten Zwiebeln und aus dem nordwestböhmischen Städtchen Saaz *(Žatec)* führt man vortrefflichen Hopfen in aller Herren Länder aus. Nicht nur zum Bierbrauen ist das grüne Gold gut, auch zu Gaumenfreuden wird es verarbeitet, wie etwa zu jenem Hopfensalat, den Johann Wolfgang von Goethe gelegentlich seiner Muse Christiane mitbrachte.

In üppigen Mengen karrten die Händler Woche für Woche Körbe mit Gemüse auf die Märkte des Landes, ganze Wagenladungen voll Obst und Waldfrüchten aller Art. Auch Krautköpfe rollten zu tausenden auf schweren Bauern- oder Lastwagen in die Städte, ist doch frisch gekochtes Weiß- oder Rotkraut in der böhmischen Küche eine obligate Zuspeise zu den verschiedensten Bratengerichten. Besonders im Winter ist eingelegtes Sauerkraut eine Säule der fleischlosen Kost, noch um 1870 wurde es regelmäßig zum Frühstück verzehrt. Aus frischem Weißkraut und viereckigen Nudeln werden Krautfleckerln *(zelné flíčky)* bereitet, süßsauer ausgebaut und pikant mit gemahlenem Pfeffer abgeschmeckt. Ganze Dörfer lebten einst vom Krautsegen auf den Feldern, wie etwa das lauschige Mödritz *(Modřice)* im Süden von Brünn *(Brno)*, das sich als Krautdorf schlechthin verstand. Das Delikatesskraut aus den Lärchenfässern der Firma Lobkowicz in Křimice bei Pilsen sowie der hannackische Sauerkohl aus Bystročice bei Olmütz sind würdige Vertreter der böhmischen Krauttradition in unseren Tagen.

RECHTS: Am Beispiel der Erdäpfelpuffer zeigt sich die Vielfalt der regionalen Küchenterminologie: Man kennt sie als *bramborák* oder *bandorník*, *cmunda* oder *halapač*, *frncábník* oder *fofronec*. Im Riesengebirge nannte man Varianten *strouhanec*, um Náchod *drn*, in der Walachei *lata*, in Schlesien *babčák*, in Klattau *báč*, in Strakonitz *bramborová buchta* und in Taus *toč*.

Grob unvollständig wäre der vegetarische Küchenzettel Böhmens ohne die Vielzahl von Kartoffelspeisen. Die unscheinbare, der Sage nach von den Brandenburgern ins Land gebrachte Knollenfrucht trägt im Tschechischen die treu umgelautete Bezeichnung *brambory*. In manchen Gebieten wird die Erdfrucht auch *erteple*, *zemáky*, *zemčátka* oder *zemní jablko* genannt, was wiederum in genauer Übersetzung dem deutsch-österreichischen Erdapfel entspricht.

Nicht nur Knödel lassen sich aus Kartoffeln zubereiten, sondern auch zahlreiche schlichte, aber schmackhafte Speisen, etwa die im Süden Deutschlands als Reiberdatschi bekannten Kartoffelpuffer *(bramboráky)*. Als typisch böhmisches Kartoffelgericht werden die mit Mehl und Schweineschmalz zubereiteten und mit Zucker und Mohn bestreuten Schkubanken *(škubánky)* geschätzt (S. 63). Die in Westböhmen *kucmoch* genannte Kartoffelspeise, wird in aller Regel mit Zucker und Mohn bestreut und mit Preiselbeerkompott serviert. Eine wahre Gaumenfreude sind die aus Kartoffelteig zubereiteten Haluschken mit Brimsen *(halušky s bryznou)*, die mit angeröstetem Speck und Zwiebeln im Ofen überbacken werden.

Ohne Fleisch zwar, aber bestimmt nicht als Diätspeise gedacht, wird vielerorts Edamer oder Camembert zu gebackenem Käse *(smažený sýr* oder *smažený hermelín,* kurz *smažák)* paniert, zu dem Salzkartoffeln oder Pommes frites und Sauce tartare gereicht werden (S. 33). Diese kulinarische Hinterlassenschaft aus realsozialistischen Tagen ist in zahlreichen einfachen Gaststätten immer noch das einzige verfügbare Gericht für Vegetarier.

ERDÄPFELLAIBCHEN
Bramboráky

1 kg Kartoffeln • ⅛ l Milch • 120 g Mehl • 3 Eier • 100 g Speck • 40 g Grammeln • 4 Knoblauchzehen • Salz • Pfeffer • 2 Teelöffel gemahlener Kümmel • 3 Teelöffel Majoran • 100 ml Öl

Kartoffeln waschen, schälen und grob reiben. Milch erhitzen und darüber gießen, Mehl und Eier unterrühren. Speck, Grammeln und Knoblauchzehen in sehr kleine Würfel schneiden, dann zusammen mit Salz, Pfeffer, dem gemahlenen Kümmel und Majoran der Masse beigeben. Die geformten Kartoffellaibchen nacheinander 4–5 Minuten von jeder Seite in Öl braten. Die Erdäpfelpuffer heiß servieren.

Schkubanken

Škubánky

1 kg Kartoffeln • 150 g Mehl • 50 g Fett • Salz • 1 große Zwiebel (für die salzige Variante) • Zucker und Mohn (für die süße Variante)

Die Kartoffeln schälen, vierteln, in Salzwasser weichkochen, abseihen und dabei das Kochwasser auffangen. Die Kartoffeln zu Brei stampfen, mit Mehl verrühren und ⅛ Liter des Kochwassers übergießen. Die Masse bei geschlossenem Topf auf geringster Stufe dämpfen. Nach etwa 10 Minuten das überflüssige Wasser abgießen und den Brei nochmals gründlich verrühren. Nun das Fett erhitzen und zum Abstechen der Schkubanken einen Eßlöffel in das Fett tauchen. So lassen sich die Nocken mühelos auf einen Teller legen. Für die salzige Variante eine würfelig geschnittene Zwiebel rösten und damit die Schkubanken bestreuen. Als Süßspeise werden diese mit Zucker und Mohn serviert.

Der Begriff Schkubanken leitet sich vom tsch. škubati (= rupfen, nach der Herstellungsweise) her. Diese Kartoffelspeise war das Leibgericht Bedřich Smetanas, der sich dazu gerne Mělniker Wein kredenzen ließ.

Rösterbsen

Pučálka

500 g Erbsen • Butter zum Ausstreichen • Semmelbrösel • 1 Zwiebel • Schmalz • 50 g Butter • 1 Eßlöffel Essig • 4 große Essiggurken • 200 g englischer Speck

Die Erbsen einweichen, bis sie keimen, weichkochen und alle obenauf schwimmenden Hülsen entfernen. Dann eine Kasserolle mit Butter ausstreichen, Semmelbrösel darauf streuen und die gekochten Erbsen nicht höher als 1–2 fingerhoch hineinschütten. Die Zwiebel fein nudelig schneiden, mit dem geschnittenen Speck in Schmalz gelblich rösten und über die Erbsen geben. Dann weitere Semmelbrösel darüber streuen und die Erbsen noch eine halbe Stunde bei 150 °C im Rohr backen. Die *Pučálka* stürzen und mit unverletzter Kruste servieren, dazu die Essiggurken servieren.

Karfiol in Backteig
Smažený květák

1 Karfiolrose • Salz • 1 Zitrone • Backfett • 1 Stengel Petersilie zum Dekorieren • 140 g Mehl • ⅛ l Milch • 2 Eier

Mehl, Milch, Eier und Salz zu einem glatten Teig verrühren, diesen aber nicht zu lange bearbeiten, damit er nicht rissig wird. Dann den Teig ein wenig zum Ruhen ins Kühle stellen.

Karfiol im Salzwasser bißfest kochen, gut abtropfen lassen und in Röschen zerteilen, diese in den Backteig tauchen und im Fett herausbraten. Mit Petersilie, Zitronensechsteln und etwas Mayonnaise anrichten.

„Bei uns auf dem Land verzehrt man Kraut nämlich nicht weniger als in den Städten; der Unterschied besteht nur darin, daß das Gemüseangebot auf dem Lande bei weitem ärmer ist, weil es sich fast ausschließlich auf Kraut und Karotten beschränkt; nur in den warmen Landstrichen gibt es noch Gurken und Kopfsalat. Die städtischen Märkte bieten fast das ganze Jahr über frisches Gemüse an, von billigen roten Rüben oder Lauch bis zum wertvolleren Karfiol, die Schwarzwurzel, den Spargel, die wärmeliebenden Auberginen oder auch fremdländische Artischocken …“

Marie Úhlehlová-Tilschová

KÜRBISAUFLAUF
Zapečená dýně

½ kg Kartoffeln • ½ kg Kürbis (gelber Kürbis, am besten Hokkaido) • 400 ml Schlagobers • 400 g geriebener Emmentaler (oder anderer Käse mit 40% Fettgehalt) • 1 Eßlöffel Öl • Thymian • 3 Knoblauchzehen • frisch gemahlener Pfeffer • Salz

Den Kürbis schälen, ausputzen und in dünne Blätter schneiden. In gleichgroße Scheiben auch die gewaschenen, ungeschälten Kartoffeln schneiden, dann beides abwechselnd in die mit Fett ausgestrichene Auflaufform schlichten. Das Obers und 300 g geraspelten Käse mit dem passierten Knoblauch, mit Thymian, Salz und Pfeffer verrühren und in die Auflaufform einbringen. Das Ganze mit dem restlichen Käse bestreuen und ca. 40 Minuten im vorgewärmten Ofen bei 180 °C knusprig herausbacken.

„Auch das Kraut aus dem Kürbis, den man hauptsächlich in Südmähren züchtet, kommt gelegentlich auf den Tisch. Den geschnittenen Kürbis dünstet man im eigenen Saft, den er läßt, und den man mit Mehl eindickt, sei es in der Einbrenn, in der er gedünstet wird, oder zum Schluß."

Marie Úhlehlová-Tilschová

Haluschken
Halušky

Teig: *700 g Kartoffeln • 250–300 g halbgriffiges Mehl • 1 Ei • Salz*

Mit Brimsen: *150 g Brynza • 100 ml Milch • 100 g Semmelbrösel • 20 g Schmalz • 1 Zwiebel • Schnittlauch*

Mit Selchfleisch: *250 g frische Pilze • 250 g gekochtes Selchfleisch oder Kochschinken • 200 g Sauerkraut • 1 Zwiebel • Fett zum Anbraten • Kümmel • Salz*

Die Kartoffeln schälen und fein reiben, die Flüssigkeit auspressen. Das Ei hinzufügen und die Kartoffeln salzen. Nach und nach das Mehl beimengen, wobei der Teig eher flüssig bleiben sollte. In einem großen Topf Salzwasser zum Sieden bringen. Den Teig durch ein Haluschkensieb (oder eine Spätzlereibe) in das heiße Wasser pressen. Die Haluschken werden portionsweise jeweils 4–5 Minuten gekocht, sobald sie an die Oberfläche steigen, sind sie gar. Dann die gekochten Haluschken mit einem Schaumlöffel herausholen und in einer Schüssel zugedeckt aufbewahren, damit diese nicht auskühlen.

Variante mit Brimsen: Die Milch erwärmen und in diese den Brimsen einrühren. Die Haluschken mit der Soße übergießen. Auf dem Schmalz die Zwiebel anrösten. Zur Seite geben und dann in der Pfanne noch die Semmelbrösel bräunen. Die Haluschken mit Semmelbröseln, der gerösteten Zwiebel und geschnittenem Schnittlauch garnieren und servieren.

Variante mit Fleisch: Die Zwiebel anrösten, darin die geschnittenen Champignons zwanzig Minuten mit Kümmel und Salz weichdünsten. Das geschnittene Fleisch sowie das abgetropfte Kraut hinzufügen und alles abgedeckt dünsten. Zum Schluß die Masse mit den Haluschken vermengen. Um die Haluschken knusprig zu machen, kann man sie auch in einem vorgewärmten Ofen 10 Minuten bei 180 °C überbacken.

Krautfleckerln

Zelné flíčky

Für 6 Portionen: *½ kg fertige Fleckerlnudeln • 1 Weißkrautkopf (ca. ¾ kg) • 150 g Kristallzucker • 100 g Schmalz • 1 große Zwiebel • ½ Eßlöffel gemahlener Kümmel • Essig • frisch gemahlener Pfeffer*

Die Fleckerln in Salzwasser kochen, abseihen, mit kaltem Wasser abschrekken und abtropfen lassen. Den Krautkopf nach Entfernen des Strunkes in feine Nudeln oder Fleckerln schneiden. Den Zucker im Schmalz karamelisieren, die feingehackte Zwiebel darin hell anrösten, dann das Kraut dazugegeben, mit Kümmel bestreuen, salzen, mit etwas Wasser untergießen und unter wiederholtem Umrühren weichdünsten. Nun die gekochten, abgeseihten Fleckerln mit dem Kraut vermengen, leicht rösten und das Ganze mit Essig abschmecken. Vor dem Servieren die Krautfleckerln mit frisch gemahlenem Pfeffer bestreuen.

Saure Linsen

Čočka na kyselo

400 g Tellerlinsen • 3 Lorbeerblätter • 40 g Butter oder Schmalz • 40 g Mehl • ½ l Rindsuppe • ½ Teelöffel Salz • 2 Zwiebeln • 70 g Butter • 3 Eßlöffel Essig • 4 große Essiggurken • 4 Eier • Brot

Die Linsen unter fließendem Wasser waschen, mit kaltem Wasser bedecken und ca. 3 Stunden einweichen. Dann die Lorbeerblätter dazugeben und auf mittlerer Stufe unter gelegentlichem Rühren 30 Minuten garen. Aus Butter oder Schmalz, Mehl und Rindsuppe eine Einbrenn bereiten. Dann salzen und bei mäßiger Hitze etwa 10 Minuten köcheln lassen, dabei gelegentlich umrühren, um das Anbrennen zu verhindern. Die Linsen mit dem Kochwasser in die Soße einrühren, die Zwiebeln schälen, würfeln, in Butter goldgelb anbraten, den Linsen zugeben, mit Essig abschmecken und weitere fünf Minuten köcheln lassen. Die feingewürfelten Essiggurken vor dem Servieren unter die Linsen rühren. Mit einem hartgekochten Ei und frischem Brot auftragen.

„Es ist Sonnabend, ich gehe mit meiner Mutter über den Marktplatz, helfe ihr die prallen Einkaufstaschen zu tragen. Was wurde in meiner Kindheit auf dem Wochenmarkt nicht alles angeboten, Bauernbutter, in frische Salatblätter gehüllt, Bienenwaben voller Honig, in den Milchkannen stand die Buttermilch, dickflüssig, sämig, und in den Steinkrügen ausgelassenes Schweinefett mit Griefen. Was aus den Bauerngärten kam, roch gut, leuchtete weit über die Holztische hinaus, grüne Bohnen, platzende Schoten, Gurken und Kürbisse, Karottenbündel mit ihren fiederteiligen Hüllblättern, die Wurzeln gelb, orange, Maiskolben, zwischen den Schelfen die goldenen Körner. In den Tonflaschen wurde der Sliwowitz angeboten, Kräuterliköre aus den Bergen, Knoblauchkränze schaukelten in der Sonne. Und dann im Herbst, wenn der Wind den Altweibersommer über den Marktplatz trug, die Goldrenette, der Gravensteiner, die Butterbirne, die Gute Luise. Das Obst, das an den Südhängen der Berge wuchs, war voller Vitalität, in diesen Früchten schmeckte man noch die Sonne, den Wind, den Regen, da waren Würze, Süße und Säure zugleich. Hier erst wurde mir das Malerische der Birnen, Pflaumen und Äpfel so richtig bewußt.“

Hanns Cibulka

Krautnudeln aus dem Chodenland

Kundrfály (čídlomony)

400 g gekochte Kartoffeln • 400 g rohe Kartoffeln • 250 g Sauerkraut • 200 g griffiges Mehl • 30 g Grammelfett • 4 große Zwiebeln • Salz

Die kalten, gekochten Erdäpfel und die rohen Kartoffeln schälen und feinreiben. Aus den Rohkartoffeln die Flüssigkeit mit den Händen auspressen, damit der Teig nicht zu feucht wird. Dann die Kartoffeln mit Mehl und Salz zu einem Teig verarbeiten. Aus dem Teig mit einem Löffel kleine Nockerl ausstechen und diese 10–15 Minuten lang in siedendem Salzwasser kochen.

Die Zwiebeln schneiden und auf dem Grammelfett anrösten. Etwa ein Viertel der Zwiebeln in einen Topf geben, das Sauerkraut hinzufügen, salzen und eine Weile zugedeckt dünsten lassen, bis das Kraut weich ist. Nach Bedarf mit Wasser untergießen.

In eine eingefettete Bratpfanne die gekochten Nudeln schlichten, darüber das gedünstete Kraut geben und mit dem Fett und den angerösteten Zwiebeln übergießen. Kurz alles im vorgewärmten Ofen überbacken.

Hannackische Krautnockerl

Hanácké zelňáky ▷

400 g Kartoffeln • 400 g Sauerkraut • 100 g griffiges Mehl • 100 g Grieß • 1 Ei • 1 Eidotter • Salz • Schmalz

Die rohen Kartoffeln grob reiben und die Flüssigkeit auspressen. Das ebenfalls ausgepreßte Sauerkraut hinzufügen. Die Kartoffeln und das Kraut salzen und mit dem Grieß, Mehl, Ei und Eidotter zu einem festen Teig verarbeiten. Mit einem Löffel Stücke herausstechen und etwa 15 Minuten in siedendem Salzwasser kochen oder über Dampf garen.

Die Krautnockerl in eine gefettete Form geben, mit Schmalz übergießen und im Ofen bei 180 °C 10 Minuten lang überbacken. Als Beilage eignet sich in Zwiebel gedünsteter Kürbis oder Spinat.

Dillsosse

Koprová omáčka

80 g Butter • 1 kleine Zwiebel • 60 g Mehl • 1 großer Bund Dillkraut • ½ l Rindsuppe oder Gemüsesuppe • 250 ml Schlagobers • 250 ml Sauerrahm • 1 Teelöffel Zucker • Saft von einer Zitrone • Essig zum Abschmecken • 8 Eier • Salz

Die kleingeschnittene Zwiebel in Butter anrösten und mit Mehl bestäuben. Nach kurzem Rühren das Ganze mit der Rindsuppe aufgießen. Dann feingehacktes Dillkraut, Schlagobers, Zitronensaft und Salz hinzugeben und die Soße eine Weile kochen. Zum Schluß den Sauerrahm einrühren und mit Zucker, Essig und Salz abschmecken. Die Eier in der Schale kochen und halbiert mit der Soße servieren. Als Beilage werden Semmelknödel (S. 55) gereicht.

Gefüllte Kohlrabi

Plněné kedlubny

4 Kohlrabi • 1 kleine Zwiebel • 1 Knoblauchzehe • 2 Eßlöffel Butter • 100 g Champignons • 150 g faschiertes Rindfleisch • 1 Ei • 2 Messerspitzen Muskatnuß • 2 Eßlöffel Mehl • 200 ml Schlagobers • Salz

Die Kohlrabi schälen, in 2 l Salzwasser je nach Größe 10–15 Minuten kochen und dann in der Brühe abkühlen lassen. Für die Füllung eine Zwiebel und eine Knoblauchzehe schälen, in kleine Würfel schneiden und in einem Eßlöffel Butter glasig dünsten. Nun die geputzten und in Blätter geschnittenen Champignons kurz mitanbraten. Das faschierte Rindfleisch hinzufügen und ebenfalls kurz anbraten. Die Masse abkühlen lassen, mit einem Ei vermengen und mit Salz und Muskatnuß abschmecken. Die abgekühlten Kohlrabi vorsichtig aushöhlen und mit der Champignon-Fleisch-Masse füllen.

Eine feuerfeste Form mit einem Eßlöffel Butter fetten, die gefüllten Kohlrabi hineingeben, die herausgeschnittenen Stücke kleinwürfeln und um die Knollen legen. Etwa 300 ml des Kochsudes angießen und zugedeckt im auf 180 °C vorgeheizten Backofen garen. Die Kohlrabi warm stellen, während die Soße aus dem Kochsud bereitet wird: Mehl und Schlagobers verquirlen, mit Salz und Muskatnuß abschmecken, aufkochen und auf kleiner Stufe 10 Minuten köcheln lassen.

Die Kohlrabi zusammen mit der pürierten Soße servieren.

Milada Benešová und Mařka Kašparová, *Einlegen, Einkochen und die Verwendung jeglichen Obstes und Gemüses*, Prag 1924.

Jos Lada
42.

Ein Schlachtfest
im böhmischen Paradies

Ein Schlachtfest, zu tschechisch *zabijačka*, irgendwo im winterlichen Böhmen. Schon früh am Morgen haben die Männer ein Schwein geschlachtet. Ein großer Herd steht im Freien, ringsherum Helfer in Gummistiefeln und Plastikschürzen, die langen Messer bereit. Mit geröteten Wangen umkreisen Frauen die überquellenden Bottiche. Viel Arbeit ist an diesem Schlachttag, Fleisch und Innereien wollen verarbeitet sein zu Sulz und Wurst und Speck. Bald werden stattliche Schinkenstücke in der Räucherkammer hängen. Im Kessel köchelt Krennfleisch, Dämpfe und Gerüche steigen in den Winterhimmel, die Laune auch. Es ist kalt an diesem nebelgrauen Tag im *masopust* (Karneval), und eine Flasche Sliwowitz geht zum Aufwärmen um. An solchen frostigen Tagen unter fahler Sonne verderben Fleisch und Innereien und besonders das Blut nicht so schnell.

Hungern muß heute niemand. Bereits am Vormittag geht es los mit verschiedenen *dobroty*, wie hier die Gaumenkitzel genannt werden: Zunächst wird der *mozeček* aufgetragen, das Hirn, dann Innereien mit Krenn, Pfeffer und Salz, und schließlich Blutkuchen aus frischem, gestocktem Schweineblut. Um die Mittagsstunde wartet eine Schüssel mit dampfender Blutsuppe auf dem rohen Holztisch. Noch ein Schöpfer für besonders Hungrige und bald darauf wird das frischaufgeschnittene Bauchfleisch hereingebracht, mit Zwiebeln gedünstet und forsch papriziert. Ein Schnäpslein oder zwei regen die Verdauung an. Die Sonne steht schon niedrig, da wird der Tisch abgeräumt für die Blutwürste *(jelita)* und Leberwürste *(jitrnice)*, die sich verführerisch zwischen Krautbergen und Erdäpfelhalden räkeln. So etwas gibt es nur einmal im Jahr – noch einen Teller, *prosím*, recht voll. Nach jedem Gang ein Sliwowitz – bis sich der zeitliche Ablauf in farbigen Sinneseindrücken verliert. Früh dämmert es, nackte Birnen in baumelnden Blechfassungen werfen ihr Licht auf die malerische Szene. Immer feuriger werden die Reden, immer spitzer das Lachen.

Ströme von Sliwowitz fließen jetzt durch die Kehlen, dazu Frankovka und Pilsner Bier. Gegen acht strebt der Exzeß seinem Höhepunkt zu, die Musikanten blasen, was das Zeug hält, dann ein Tusch.

Linke Seite: Josef Lada, *Schweineschlacht*, 1942.

„Nach dem Martinitag, dem 11. November, waren die Arbeiten im Freien größtenteils beendet und jetzt wurde es auch spürbar kälter. Nun sprachen die Erwachsenen wieder davon, daß bald ein Schwein geschlachtet werden müßte. Das war ein großes Ereignis und wir Kinder freuten uns darauf, daß es schon endlich friert und schneit. Am Sonntag vor dem Schlachtfest wurde das Holz vorbereitet, die Messer gewetzt und Spieße für Leber- und Blutwurst gemacht. Die Mutter und die Schwestern bereiteten die Häfen für das heiße Wasser vor, zerdrückten Pfeffer und richteten Gewürze, Salz, Zwiebeln und Knoblauch.
Das Fleisch wurde in ein hölzernes Schaffel gelegt und mit viel Knoblauch bestrichen. Das Fett wurde ausgelassen und in Töpfen aufbewahrt, auf deren Böden sich die knusprigen Speckgrieben (Grammeln) sammelten. Später gab es auch das ‚schwarze Fleisch‘, daß der Vater im Kamin geräuchert hatte – damit wurde gespart, denn es mußte bis zum Faschingsende ausreichen. Nach der Schweineschlacht stärkten sich die Helfer mit Krenfleischsuppe, einem Stück Krenfleisch sowie Leber- und Blutwürsten.“

Josef Svoboda

In feierlichem Zeremoniell und unter dem Applaus der hungrigen Gäste wird der gekochte Schweinskopf hereingetragen. Dem Hausvater ist nach altem Brauch der Rüssel zugedacht. Wie nach 40 Tagen Wasser und Brot langen die vom Zwetschkenwasser durchglühten Schlachtgäste zu. Wohl als Dessert hat jemand Schkwarken *(škvarky)* hingestellt, ein bißchen Platz muß noch sein. Gut nur, daß die Krapfen *(koblihy)* mit dem goldgelben Rand erst morgen gebacken werden, übertreiben will man's ja nicht.

Beim Ausbraten (Auslassen) würfelig geschnittener Speckstücke bleiben in der Pfanne feste Reste zurück, diese schätzt man im südlichen Böhmen und Mähren so wie auch in Österreich als Grammeln. In den nordöstlichen Landesteilen herrschte die Bezeichnung Griefen oder Grieben vor. In Westböhmen kannte man diese knusprigen Überbleibsel der Schmalzgewinnung als Speckgrejbala. Die Prager Deutschen sprachen von Schkwarken, was eine direkte Entlehung aus dem Tschechischen ist, wo die knusprigen Teilchen *škvarky* heißen.

Grammeln (Schkwarken)
Škvarky

1 kg frischen, dicken Schweinespeck in kleine Würfel schneiden und in einer Pfanne mit etwas Salz und Wasser unter ständigem Rühren auslassen, anfangs mit stärkerer, später mit mäßiger Hitze. Wenn sich die Speckwürfel zu goldbraunen Grammeln verwandelt haben, das klargewordene Fett in ein Glas abschöpfen. Die Grammeln herausnehmen, abtropfen lassen, in eine Schüssel geben und kaltstellen.

Blut- und Leberwurst mit Sauerkraut

Jelito a jitrnice s kysaným zelím

Würste: *4 Blutwürste • 4 Leberwürste • 150 g Schmalz • etwas Milch*
Sauerkraut: *1 Zwiebel • 50 g Schweinefett • ½ kg Sauerkraut • etwas Salz • 1 Teelöffel Kümmel • 1 Kartoffel*

Zur Zubereitung des Sauerkrauts eine Zwiebel in kleine Würfel schneiden und in Schweinefett anbräunen, das Sauerkraut dazugeben und mit etwas Salz und Kümmel würzen. Ein bißchen Wasser angießen und weichkochen. Nach einer halben Stunde eine rohe Kartoffel in das Kraut hineinreiben und noch ca. 15 Minuten bei kleiner Flamme fertigkochen. Mit Zucker und Essig süßsauer abschmecken.

Würste: In einer Bratpfanne Schmalz erhitzten, dann die Blut- und Breinwürste zugeben und auf beiden Seiten knusprig- und goldbraunbraten. Vor dem Braten können die Bratwürste in Milch getaucht werden. Die Würste im Rohr fertigbacken und mit etwas Bratenfett und Sauerkraut auf den Tisch bringen.

Folgende Seite: Anton Ebert, *Kochidyll*, um 1873.

Fleischliche Genüsse

vom Schwein, Rind und Wild

Schon im Mittelalter kam dem Schweinernen eine herausragende Rolle zu, wobei das Fleisch meistens gekocht, regelmäßig aber faschiert und stark gewürzt in Schmalz herausgebraten wurde. Aus den Innereien bereitete man Leberwürste, die am St. Wenzelstag mit Kraut auf den Festtagstisch kamen. Die ganze frühe Neuzeit hinweg wurde Schweinefleisch in stattlichen Mengen verzehrt, bis dann die Not im Gefolge des Dreißigjährigen Krieges eine sparsamere Haushaltung erzwang und Erbsen und Graupen zu neuer Geltung verhalf.

Neben der klassischen Zubereitung des Borstenviehs verstehen sich böhmische Köche auf wohlschmeckende Rindfleischgerichte. In ihrer *Domácí kuchařka (Die Hausköchin)* teilte Magdalena Dobromila Rettigová so vielversprechende Delikatessen wie „Rindfleisch mit Ingwer“, „Beefsteak mit Sardellen“ und „gespickte Rinderzunge auf dem Rost“ mit. Die als „Spanische Vögelchen“ *(španělský ptáček)* bekannten Rindsrouladen sind mit Speck, Würstchen, Ei und Essiggurken gefüllt. Als gängiges Wirtshausgericht schätzten unsere Urgroßeltern das mit einem Knödel vermählte Beuschel. Für diese Speise werden Innereien wie Lunge, Herz und Milz gekocht, in schmale Streifen geschnitten und in einer säuerlichen, gut gewürzten Einbrennsoße angerichtet. Die deftige Krönung der tschechischen Küchenkunst bis in unsere Tage ist dagegen Schweinebraten mit Sauerkraut und Knödel *(vepřová-knedlík-zelí)*, die böhmische Antwort auf jede Nouvelle Cuisine.

Von entscheidender Wichtigkeit sind die raffinierten Soßen, die den Fleischgerichten beigegeben werden, zubereitet aus Zwiebeln, Knoblauch, Sardellen oder Dill. Auch der mit Semmelknödeln servierte böhmische Lungen- oder Lendenbraten *(svíčková na smetaně)* wird erst durch die gelungene Gemüserahm- oder Schmettensoße *(smetanová omáčka)* zum Gipfelpunkt der heimischen Kochkunst und damit zum vornehmen Festtagsschmaus.

Reichhaltig ist auch Rettigovás Fundus an Kalbspeisen, von der gespickten Kalbsbrust bis zum eingelegten Schlegel. Eine besondere Spezialität ist das Hammelgulasch, welches man in der mährischen

Zur Rarität geworden sind die einst traditionsreichen Prager Selchereien, wo verlockende Fleisch- und Wurstwaren wie *špekáčky* (Speck- oder Knackwürste), *krkovička* (Schinken oder Halsfleisch) an kleinen Tischen verzehrt werden konnten, oder auch im Stehen, gleich neben dem Verkaufspult. Würstel wurden hier paarweise genossen, und selbstverständlich ohne Besteck. Fast jede dieser kleinen Imbissstuben in irgendeiner der vielen Durchhäuser oder Seitengassen hatte ihre Spezialität. War der eine Selcher auf besonders feine *párky* eingeschworen, so verstand sich der Nachbar zwei Gassen weiter auf Geräuchertes und der nächste Konkurrent auf eine himmlische Wurstsuppe, die verlockend bis auf die Gasse hinaus duftete. Eine Prager Spezialität sind *taliány*, die auch heute noch von einzelnen Fleischereien hergestellt und mit Senf und frischem Kren zum Bier gereicht werden. Ihren Namen haben diese gekochten Würste nach dem italienischen Fleischer Uggè in der Altstädter Fischmarktgasse *(Rybná)*, den man unter dem schönen Spitznamen Talián kannte. Verständlicherweise hielt Uggè die Zubereitungsart seiner aus jungem Rindsfleisch und Schweinefett hergestellten Würste geheim, aber die tschechische Konkurrenz kam bald auf die Rezeptur, knackte auch die Gewürzmischung (Knoblauch, Pfeffer, Kardamom und Ingwer) und bot die begehrten *taliány* bald in den verschiedensten Varianten an.

OBEN: Prager Würstelsieder, um 1890.
UNTEN: Reklamemotiv der Fabrik für Räucherwaren und Konserven AG in Kosteletz bei Iglau, um 1920.

Walachei *(Valašsko)* unter freiem Himmel in einem Kessel kochte – über schwelendem Feuer nimmt das Fleisch einen herben rauchigen Geschmack an. Auch Schafsfleisch wird in vielen Rezepten gewürdigt, vor allem zu Ostern, wo mit dem zarten Festtagslamm das Auferstehungsfest seinen kulinarischen Höhepunkt findet.

Im jagdfreudigen Böhmen genießt die Wildküche einen großen Stellenwert. Noch um 1900 sah man auf den Wochenmärkten zwischen Brünn und Leitmeritz *(Litoměřice)* Berge von Damhirschen, Rehen, Wildschweinen, Fasanen, Rebhühnern und Hasen, die in stattlichen Mengen in den Einkaufstaschen unserer Urgroßmütter nach Hause getragen und zu köstlichen Gerichten verarbeitet wurden.

Einblicke in die alte böhmische Küche gewähren die treulich geführten Haushaltsbücher einstiger Adelshäuser. Zum großzügigen Hochzeitsfest des Wilhelm von Rosenberg im Jahr des Herrn 1578 wurde Fleisch in Hülle und Fülle bestellt: 20 Stück Schwarzwild, 40 Hirsche, 50 Rehe, 150 Mastochsen, 350 Lämmchen, 450 Mastschweine, 450 Hammel, 2130 Hasen, 5135 Mastgänse, dazu Unmengen an Rauchfleisch, Blut- und Leberwürsten.

Mährischer Spatz

Moravský vrabec

400 g Schweinebauch • 400 g Schweineschulter • 4 Knoblauchzehen • 1 Teelöffel Salz • Kümmel • 4 große Zwiebeln • 60 g Schweineschmalz

Schweinebauch und -schulter waschen, trockentupfen und die Schwarte mit einem scharfen Messer einritzen. Beide in vier gleichgroße Teile schneiden. Knoblauchzehen schälen, zerdrücken und mit Salz und Kümmel vermengen. Mit dieser Paste die Fleischstücke gleichmäßig einreiben. Zwiebeln schälen, vierteln und in Schweineschmalz andünsten. Das Fleisch mit der Schwartenseite auf die Zwiebeln legen und ca. 150 ml heißes Wasser angießen. Das Fleisch etwa 1 ½ Stunden dünsten lassen (zuerst 45 Minuten zu-, dann 45 Minuten abgedeckt) und dabei gelegentlich wenden. Zusammen mit dem Bratensaft und den Zwiebeln servieren. Als Beilage passen Semmel- oder Kartoffelknödel und Sauerkraut.

FRANKOVKA
suché
1991

SLIVOVICE
Světlý ležák
BUDWEISER

Schweinsbraten auf Wildbretart

Vepřová pečeně na divoko

1 kg Schweinskeule • 4 Knoblauchzehen • 1 Teelöffel Salz • etwas Pfeffer • 1 Teelöffel gemahlener Kümmel • 4 Lorbeerblätter • 8 Neugewürzkörner • 8 Pfefferkörner • 4 Wacholderbeeren • 5 Eßlöffel Öl • 3 Eßlöffel Mehl

Die Schweinekeule waschen, gut trockentupfen und die Schwarte mit einem scharfen Messer rautenförmig einschneiden. Knoblauchzehen schälen, zerdrücken und mit Salz, etwas Pfeffer und dem gemahlenen Kümmel verrühren. Das Fleisch mit dieser Paste einreiben, Lorbeerblätter vierteln und Neugewürz- und Pfefferkörner sowie Wacholderbeeren in die Einschnitte der Schwarte stecken. Die Keule mit Wasser untergießen, den zugedeckten Bräter in den auf 200 °C vorgeheizten Backofen stellen und den Braten 2–2½ Stunden dünsten lassen (dabei wiederholt wenden und mit Bratensaft übergießen). Dann den Braten warmstellen. Den Bratenfond abgießen, mit Mehl binden, mit Wasser aufgießen und 15 Minuten auf kleiner Stufe köcheln lassen. Den Braten in Scheiben schneiden, mit Sauerkraut (S. 77) und Knödeln (S. 55) servieren, die Soße zum Übergießen beistellen.

„Die Prager waren in besseren Zeiten sehr starke Fleischesser. Auch in Kleinbürger- und Arbeiterfamilien aß man wochentags täglich das gekochte Rindfleisch mit Tomaten- (‚Paradeiser-'), Schwämme-, Dill-, Kren-Sauce – freilich auch den Semmelknödel dazu, der zwar einfach, aber gar nicht leicht zu bereiten ist. Sonntags Gansbraten, Entenbraten, Schweinebraten mit Kraut und Knödeln – hier war vielleicht der längliche Kartoffelknödel vorzuziehen, auf dem die bräunlich gerösteten Zwiebelstückchen dufteten." Willy Haas

Gekochter Schweinskopf

Vařená prasečí hlava

½ Schweinskopf mit Rüssel • Salz • ½ Knoblauchzehe • 4 Pfefferkörner • ¼ Lorbeerblatt • Wurzelwerk (2 Karotten, ½ Sellerie, 1 Petersilienwurzel, ¼ Porree) • 1 Zwiebel • Kren

Den Schweinskopf waschen und mit Salz, Knoblauch und den Gewürzen 2 Stunden im Wasser kochen. Das in Streifen geschnittene Wurzelwerk und die Zwiebel 20 Minuten vor dem Ende der Kochzeit dazugeben. Den Schweinskopf herausnehmen, sobald das Fleisch weich ist. Dieses von den Knochen lösen, in fingerdicke Stücke schneiden und mit dem weichgekochten Wurzelwerk, mit Suppe, frischem geriebenen Kren und Salzkartoffeln servieren.

Schweinskoteletts mit Champignons

Vepřové kotlety se žampiony

Für 5 Portionen: *10 Schweinskoteletts • Salz • gemahlener Kümmel • 2 Knoblauchzehen • 60 g Mehl • Öl zum Anbraten • 30 g Zwiebeln • Petersilie • 80 g Champignons • ½ Eßlöffel Mehl • Rindsuppe oder Wasser • Salz • ¼ l Sauerrahm*

Die Schweinskoteletts am Rande mehrmals einschneiden, klopfen, mit zerdrücktem Knoblauch einreiben, salzen, mit Kümmel bestreuen und rasch in 8 Eßlöffeln heißem Öl anbraten. Für die Kräuterchampignons die gehackten Zwiebeln, Petersilie und Champignons in Öl rösten, den Inhalt der Pfanne mit Mehl stäuben, ihn leicht anbräunen lassen und mit Rindsuppe oder Wasser aufgießen. Salzen nach Geschmack. Zuletzt die gebratenen Schweinskoteletts hineingegeben, mit saurem Rahm übergießen und 20–30 Minuten zugedeckt dünsten. Man genieße es mit Salz- oder Rösterdäpfel.

Reklamemotiv der Spezialitäten-großhandlung Antonín Dřeva, ca. 1920.

Schweinsrippchen vom Rost

Vepřová žebírka na grilu

1 ½ kg Schweinsrippen • Salz • 4 Knoblauchzehen • gemahlener Kümmel • 100 g Kräuterbutter • 100 g Öl (falls Bratpfanne benutzt)

Die Schweinsrippen waschen, salzen, mit zerdrücktem Knoblauch einreiben und mit Kümmel würzen. Sodann beidseits auf einem Rost braunbraten. Falls kein Rost vorhanden ist, können die Rippchen auch in einer Bratpfanne im Ofen gebraten werden. Zusammen mit Kräuterbutter servieren.

Als Beilage reiche man Erdäpfel und Sauerkraut.

Gefüllte Paprika

Plněné papriky

Gefüllte Paprika: *10 grüne Spitzpaprikaschoten • 3 Eßlöffel Öl zum Anrösten • 1 große Zwiebel • Petersilie • 500 g faschiertes Schweinefleisch • Salz • Pfeffer • Majoran • 100 g Reis*

Paradiesäpfelsosse: *1 kg Paradeiser • 1 Eßlöffel Öl zum Anrösten • 1 kleine Zwiebel • Petersilie • 40 g Butter • 30 g Mehl • Rindsuppe oder Wasser • 100 ml Rotwein • 20 g Zucker • Salz • 1 Lorbeerblatt • 3 Neugewürzkörner • 5 Pfefferkörner • Zitronensaft*

Paradiesäpfelsosse: Zwiebeln und Petersilie feinhacken und in Öl anrösten. Dann die gewaschenen und halbierten Paradeiser dazugeben, mit etwas Wasser weichdünsten und passieren. Eine Einmach aus der Butter und dem Mehl herstellen und die Paradeisermasse damit mischen. Eine Tasse Rindsuppe oder Wasser dazugießen, Rotwein und Zucker zugeben und mit Salz, dem Lorbeerblatt, Neugewürz und Pfeffer würzen. Die Soße 15 Minuten köcheln lassen. Zum Schluß die Gewürze herausnehmen und mit Zitronensaft abschmecken.

Gefüllte Paprika: Von den Paprika die Deckel beim Stiel abschneiden und die Schoten ganz aushöhlen. Den Reis in Salzwasser kochen. Für die Zubereitung der Fülle die feingehackte Zwiebel und das Petersiliengrün in Öl anrösten, mit dem faschierten Schweinefleisch, Salz, Pfeffer, Majoran sowie dem gekochten Reis gut verrühren und in die Paprikaschoten füllen. Die Schoten sodann in eine Kasserolle legen, mit der Paradiesäpfelsoße übergießen und 45 Minuten zugedeckt dünsten.

Schweinslungenbraten auf Rosmarin

Vepřová panenka na rozmarýnu

600 g Schweinslungenbraten • 3 Eßlöffel Senf • 2 Eßlöffel Honig • gemahlener Rosmarin • Pfeffer • Salz • Öl zum Anbraten

Den Lungenbraten von Haut und Fett befreien. In einer Schüssel eine Marinade aus Senf, Honig, Rosmarin, Salz und Pfeffer bereiten, den Lungenbraten damit bestreichen und zwei Stunden darin einlegen. Danach in heißem Fett braten, nach Geschmack medium oder gar. Anschließend noch zehn Minuten in der zugedeckten Pfanne ziehen lassen. Als Beilage passen Rösterdäpfel oder Püree.

Gefüllte Krautrollen
Zelné závitky

1 Krautkopf • 450 g faschiertes Schweinefleisch • 2 in Milch eingeweichte Semmeln • 2 große Zwiebeln • 70 g Schmalz • 1 Eßlöffel Petersilie • 4 Knoblauchzehen • Majoran • Pfeffer • Salz • 1 Ei • 60 g Selchspeck • 400 g Sauerkraut • 20 g edelsüßer Paprika • gemahlener Kümmel • 1 Lorbeerblatt • 200 ml Sauerrahm • 1 Eßlöffel glattes Mehl

Für die Fülle die geschnittene Zwiebel in Fett anrösten, gehackte Petersilie dazutun, etwas auskühlen lassen. Fleisch und die ausgedrückten Semmeln gut mit dem passierten Knoblauch vermischen, die geröstete Zwiebel und die Petersilie beigeben, mit Salz, Pfeffer und Majoran würzen. Alles mit einem Ei zu einer geschmeidigen Masse verarbeiten. Die größeren Deckblätter eines weißen Krautkopfes in Salzwasser halbweichkochen, den Strunk entfernen, auflegen, mit der Fülle bestreichen, fest zusammenrollen und leicht mit einem Faden zusammenbinden oder mit Zahnstochern fixieren. In eine gefettete Bratpfanne legen und im vorgewärmten Rohr ca. 10 Minuten bei 180 °C braten.

Währenddessen für das Paprikakraut eine Zwiebel mit dem würfelig geschnittenen Selchspeck hell anrösten, mit Wasser ablöschen, dann mit dem Sauerkraut und den Gewürzen zugedeckt weichkochen. Sauerrahm und Mehl gut verquirlen und damit das Sauerkraut binden. Diese Masse über die Krautrollen gießen und alles zugedeckt 30–40 Minuten im Rohr dünsten. Mit Kartoffeln oder Knödeln servieren.

Schweinsröllchen mit Äpfeln
Vepřové závitky s jablky ▷

4 Schweinsschnitzel á 120 g • 2–4 säuerliche Äpfel • Senf • Salz • Pfeffer • 4 Eßlöffel Kren • Saft einer halben Zitrone • 150 g Speckscheiben • glattes Mehl zum Bestäuben • ½ l Rindsuppe oder Wasser • 30 g Butter oder Schmalz • 200 ml Schlagobers

Die Schnitzel an den Rändern ein wenig einschneiden, dann gut klopfen, von einer Seite mit Senf bestreichen, salzen und pfeffern. Den Kren schälen, reiben und mit Zitronensaft beträufeln. Die Äpfel in Spalten schneiden. Auf die einzelnen Schnitzel jeweils 1–2 Apfelspalten, 1 Scheibe Speck und ein wenig Kren geben, die eingerollten Fleischstücke mit einem Faden zusammenbinden oder mit Holzspießen fixieren. Die Röllchen leicht bemehlen und in heißem Fett allseitig bräunen. Dann in eine Backform schlichten, die Apfelspalten und den restlichen Speck hinzugeben. Mit Rindsuppe oder Wasser untergießen und zugedeckt 35–40 Minuten dünsten lassen, zum Schluß mit Schlagobers übergießen.

Schweinsschnitzel

Vepřový řízek

Für 5 Portionen

5 Schweinsschnitzel • Salz • 60 g glattes Mehl • 80 g Semmelbrösel • 2 Eier • etwas Milch zum Verquirlen • 200 g Schmalz • Zitronenscheiben

Die Schnitzel am Rande mehrfach einschneiden, klopfen und salzen. Dann im Mehl, in den mit etwas Milch verquirlten Eiern und Bröseln panieren, in heißem Fett backen und auf einer Küchenrolle abtropfen. Die fertigen Schnitzel auf einem Teller mit Zitronenscheiben anrichten. Als Beilage passen Erdäpfelpüree oder Petersilienkartoffeln sowie Salate und Salzgurken.

Nahrhaftes Pflanzenfett der Firma Ceres für die Bratenküche, ca. 1930.

Prager Kalbsgeschnetzeltes

Pražské telecí ragú

600 g Kalbsfilet • 40 g Butter • 2 Eßlöffel Öl • Salz • 80 g Zwiebeln • 150 g Champignons • 20 g Mehl • ⅛ l Sauerrahm • ⅛ l Obers • Pfeffer • Zitronensaft • etwas Petersilie zum Dekorieren

Das Kälberne dünn schneiden („schnetzeln"). Die Pfanne erhitzen, etwas Butter und Öl beigeben und darin einen Teil des Fleisches rasch bräunen, anschließend salzen und in eine Kasserolle legen. Das übrige Fleisch nach und nach auf die gleiche Weise rösten. Für die Soße die feingehackten Zwiebeln in der Pfanne gelbrösten, die blättrig geschnittenen Champignons mitbraten, stauben und mit Sauerrahm und Obers aufgießen. Gemeinsam mit Wasser zu einer dickeren Soße verkochen. Alles pfeffern, mit Zitronensaft abschmecken, über das Fleisch gießen und fast zum Kochen bringen. Anschließend 10 Minuten zugedeckt ziehen lassen (nicht sieden!). Beim Anrichten das Gericht mit gehackter Petersilie bestreuen. Als Beilage Reis oder Salzkartoffeln servieren.

SALOMON
EDEN
Veltlinské zelené

Salonbeuschel
Telecí plíčky

Für 6 Portionen: *½ Kalbslunge • 1 Kalbsherz (zusammen mit der Kalbslunge etwa 800 g) • Wurzelwerk (2 Karotten, ½ Sellerie, 1 Petersilienwurzel) • 2 Zwiebeln • 1 Stengel Thymian • 1 kleines Lorbeerblatt • 1 Gewürznelke • 6 Pfefferkörner • Salz • 60 g Mehl • 1 Prise Zucker • 6 Eßlöffel Öl •* etwas *Weinessig • 1 Eßlöffel Senf • 1 Zitrone • 1 Prise Majoran • Obers oder Sauerrahm*
Für das Beuschelkräutl: *2 Essiggurken • 20 g Kapern • 1 Sardellenfilet • 1 kleine Zwiebel • Petersilie • 1 Knoblauchzehe*

Der Begriff Beuschel läßt sich vom mittelhochdeutschen *busch* oder *bausch* herleiten, was die Gesamtheit der in Streifen geschnittenen Innereien eines Kalbes oder Schweines (Lunge, Herz und Milz) bezeichnete. Das Wiener Salonbeuschel wird mit einem Aufguß von Gulaschsaft zubereitet.

Kalbslunge und Herz (gut gewässert und gereinigt) mit 1½ l kaltem Wasser aufstellen. Das geputzte Wurzelwerk, eine halbierte, braungeröstete Zwiebel, Thymian, Lorbeerblatt, Gewürznelke, die zerquetschten Pfefferkörner sowie Salz hinzufügen und etwa 90 Minuten zugedeckt kochen lassen. Mit einem Messerschnitt in den dicken Teil der Lunge überprüfen, ob diese durchgekocht ist (sie darf innen noch ein wenig rosa sein). Dann wird das Beuschel zum Auskühlen in kaltes, leicht gesalzenes Wasser gelegt, während das Herz in der Suppe langsam weiter weichgekocht wird.

Inzwischen wird das Beuschelkräutl zubereitet: Essiggurken, Kapern, Sardellenfilet, eine kleine Zwiebel, Petersilie und Knoblauch sowie etwas Zitronenschale feinhacken. Das Mehl und eine Prise Zucker unter ständigem Rühren in Öl braunrösten, das zuvor bereitete Beuschelkräutl beigeben und kurz mitrösten, mit einem kräftigen Spritzer Weinessig abschmecken. Endlich mit geseihter Beuschelsuppe aufgießen. Diese Soße 30 Minuten verkochen. Inzwischen Herz und Lunge in dünne, kurze Streifen schneiden, eventuell vorhandene Knorpel entfernen und dem Kochgut beigeben. Während alles zum Aufkochen kommt, mit Senf, Zitronensaft, Salz, Majoran und Essig abschmecken und weitere 15 Minuten ziehen lassen. Mit etwas Obers oder Sauerrahm verfeinern. Als Beilage eignen sich Semmelknödel, Karlsbader Knödel (S. 55) oder Semmeln.

Am neuen Küchenherd.

KARLSBADER ROULADE

Karlovarská roláda

1 ½ kg küchenfertige Kalbsbrust • Salz • 150 g gekochter Schinken • 150 g roher Schinken • 2 Gewürzgurken • 4 Eier • Salz • 2 Eßlöffel Milch • 120 g Butter • 1 Eßlöffel Mehl • ⅛ l Rindsuppe

Die Kalbsbrust waschen, trockentupfen und in der Mitte tief einschneiden. Die Fleischlappen auseinanderbreiten und mit Salz einreiben. Mit dem gekochten und rohen Schinken belegen. Die Gewürzgurken feinwürfeln und auf das Fleisch streuen. Die Eier mit Salz und Milch verquirlen, in 30 g Butter zu Rühreiern braten und ebenfalls auf dem Fleisch verteilen. Die Kalbsbrust einrollen und mit Rouladennadeln oder mit festem Garn verschließen, sodann von allen Seiten in 60 g Butter anbraten. Anschließend den geschlossenen Bräter in den auf 200 °C vorgeheizten Backofen geben und den Inhalt ca. 2 ½ Stunden garen lassen. Das Bratgut gelegentlich wenden und bei Bedarf mit etwas heißem Wasser angießen. In den Bratensaft 30 g Butter einrühren, dann Mehl dazugegeben und mit Rindsuppe oder Wasser ablöschen. Die Soße 15 Minuten auf kleiner Stufe köcheln lassen. Das Fleisch in Scheiben schneiden und in der Soße servieren.

Edward Cucuel, *Badegesellschaft beim Karlsbader Sprudel*, 1900.

Eine kulinarische Sonderstellung innerhalb der Böhmischen Länder nimmt die westböhmische Kur- und Badestadt Karlsbad ein, wo ein wohlhabendes internationales Publikum verkehrte und nicht nur Fastenspeisen zu sich nahm, sondern in exquisiten Etablissements wie dem Grandhotel Pupp erstklassige Spezialitäten erwartete. Eine Reihe von regionalen Speisenbezeichnungen in alten Kochbüchern erinnert an die einstige Herrlichkeit: KARLSBADER ROULADE, KARLSBADER GULYÁS, KARLSBADER RINGEL, KARLSBADER KNÖDEL, KARLSBADER TEESTANGEN, KARLSBADER ZWIEBACK, KARLSBADER BISCUIT, KARLSBADER KIPFEL, KARLSBADER AUFLAUF, KARLSBADER KOLATSCHEN, KARLSBADER KUCHEN, KARLSBADER TEEGEBÄCK, KARLSBADER OBLATEN oder die KARLSBADER ZIMTTORTE.

PRODUCT OF CZECH REPUBLIC
BECHER
LIQUEUR

Rindsrouladen „Spanische Vögelchen"

Španělský ptáček

4 große Schnitzel von der Rindskeule • Salz • 4 Teelöffel Senf • 100 g mährisches Räucherfleisch, Schinken oder Wiener Würstchen • 4 kleine Scheiben durchwachsener Speck • 2 hartgekochte Eier • 2 Essiggurken • 1 Teelöffel Butter oder Schmalz • 4 große Zwiebeln • etwas glattes Mehl

Die Rindsschnitzel klopfen, an den Rändern einschneiden, mit Senf bestreichen und salzen. Auf jede Schnitte eine Scheibe Speck, eine Scheibe Räucherfleisch oder ein Stück Würstchen, ein halbes Ei und die Hälfte einer Gurke legen. Dann die belegten Schnitten zusammenrollen, mit einem Faden zusammenbinden und an der Oberfläche salzen. Leicht in Mehl panieren und schließlich auf allen Seiten in heißem Fett anbraten und herausnehmen. Im gleichen Bratenfett die kleingeschnittenen Zwiebeln goldbraun rösten, die Rindsrouladen dazugeben und das Ganze mit Wasser aufgießen und weichdünsten. Als Beilagen eignen sich Reis, Nudeln und Röstkartoffeln oder gekochte Kartoffeln sowie Salate.

Rindsgulasch

Hovězí guláš

Für 6 Portionen: *1 ½ kg hinteres Rindfleisch • 150 g Schmalz • 800 g Zwiebeln • 1 Teelöffel Rosenpaprika • 2 Teelöffel edelsüßer Paprika • 1 Eßlöffel Essig • gemahlener Kümmel • Majoran • Salz • ¼ l Rindsuppe oder Wasser • 10 g Mehl • 2 Knoblauchzehen • 1 Prise Pfeffer*

Die blättrig geschnittenen Zwiebeln im heißen Fett gelbrösten, Paprika, Essig, das großwürfelig zerteilte Fleisch, Kümmel, Majoran, Salz und Rindsuppe oder Wasser dazugeben. Unter wiederholtem Nachgießen das Fleisch weichdämpfen. Sobald der Saft klar geworden ist, mit Mehl stäuben und mit Wasser oder Suppe aufgießen, dann mit Knoblauch und Pfeffer abschmecken und alles 15 Minuten verkochen lassen. Unter Ersatz des Mehles durch mindestens 1 kg Zwiebeln wird die Variante Saftgulasch zubereitet. Als Beilagen sind Semmelknödel (S. 55), frische Semmeln oder Brot üblich.

Lungenbraten in Rahmsosse

Svíčková na smetaně

1 kg Rostbraten oder hinteres Rindfleisch • 50 g Speck • Pfeffer • Salz • 1 ½ kg Wurzelwerk (Karotten, Sellerieknolle und Petersilienwurzel zu je gleichen Teilen) • 3 Lorbeerblätter • 1 Teelöffel Thymian • 10 Neugewürzkörner • 20 Pfefferkörner • 150 ml Essig • 200 ml Schlagobers • Zucker • Zitronensaft

Der Böhmische Lungenbraten ist das Leib- und Sonntagsgericht der Tschechen. Der Begriff leitet sich nicht etwa von der Lunge her, sondern von der lat. Bezeichnung LUMBULUS für die Lende. In Deutschland kennt man das Gericht folglich auch als Lendenbraten.

Das Rindfleisch waschen, häuten, von den Sehnen befreien und mit dem streifig geschnittenen Speck spicken. Sparsam mit Pfeffer und Salz würzen. Das Wurzelwerk in kleine Stücke schneiden oder raspeln. In einem Topf ca. 1½ l Wasser zum Sieden bringen, Lorbeerblätter, Thymian, Neugewürzkörner, Pfefferkörner, Salz und Essig hinzufügen, dann das Wurzelwerk dazutun und 15 Minuten kochen. Anschließend die Marinade abkühlen lassen.

Das Fleisch in einer Bratpfanne mit der Marinade übergießen, so daß es von der Flüssigkeit bedeckt ist und über Nacht in einem kühlen Raum ziehen lassen. Am nächsten Tag ins Rohr legen und in der Marinade braten, bis das Fleisch weich ist. Dieses aus dem Rohr nehmen, die Gewürze entfernen, das Gemüse in der übriggebliebenen Marinade pürieren. Schlagobers beigeben und die Soße mit Zucker und Zitronensaft süßsauer abschmekken. Das Fleisch in Scheiben schneiden, mit der Soße übergießen, mit Semmelknödeln (S. 55) als Beilage anrichten und mit Preiselbeermarmelade garnieren.

Als erste und angesehenste tschechische Kochschule Prags galt die 1885 gegründete Schule „Haushalt“ *(Domácnost)* in der Lazarská 3. Das Institut pflegte eine ausgesprochen patriotische Grundhaltung, im Vordergrund der dreimonatigen Kurse stand die heimische böhmische Küche in der Tradition der Magdalena Dobromila Rettigová. Das Kochbuch der *Domácnost* mit dem Titel *Kuchařská kniha (Das Küchenbuch)* erschien 1891 in 8. Ausgabe mit 1.113 Rezepten. Anno 1905 war der Bestand auf 1.493 Rezepte angewachsen.
Das Schulgebäude der *Domácnost* verfügte um 1900 über mehrere Repräsentativräume, Speisesäle sowie Küchen für Fleisch- und Mehlspeisen. Bis in die 1950er Jahre wurden in der *Domácnost* Köchinnen ausgebildet.

Svatovavřinecké
suché červené
TOLEDO
1995

Böhmischer Rostbraten

Hovězí roštěná

4 Scheiben Rostbraten • Salz • Pfeffer • gemahlener Kümmel • 4 Knoblauchzehen • 4 Eßlöffel Mehl • 80 g Butterschmalz • ⅛ l Rindsuppe • 200 g Sauerrahm

Die vier Scheiben Rostbraten unter fließendem Wasser waschen und anschließend gut trockentupfen. Danach das Fleisch klopfen, den Fettrand mehrmals einschneiden und mit Salz, Pfeffer, gemahlenem Kümmel und gepreßten Knoblauchzehen würzen. Die Scheiben in Mehl wenden und in einer gußeisernen Pfanne in Butterschmalz scharf anbraten, auf jeder Seite etwa 5 Minuten. Rindsuppe angießen und auf kleiner Stufe ca. eine Stunde zugedeckt dünsten lassen. Das Fleisch warm stellen, den Sauerrahm in den Bratenfond einrühren und kurz aufkochen. Die Fleischstücke mit Zwiebeln garnieren und in der Soße anrichten.

Als Beilage passen Strapaziknödel (S. 52), Semmelknödel (S. 55) oder Salzkartoffeln.

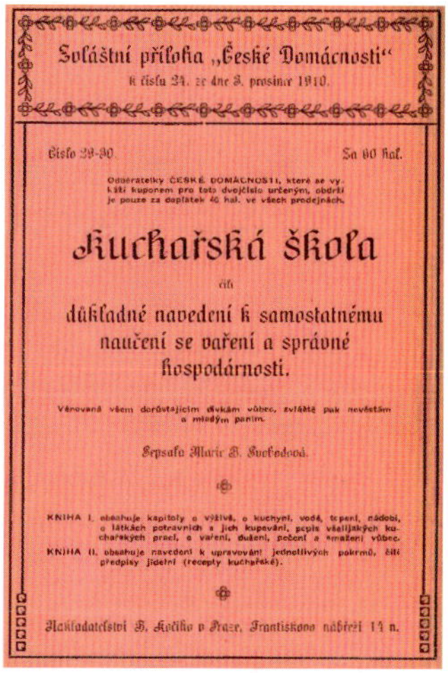
Zvláštní příloha „České Domácnosti“
k číslu 24. ze dne 8. prosince 1910.

Číslo 29-30. Za 60 hal.

Odběratelky ČESKÉ DOMÁCNOSTI, které se vykáží kuponem pro toto dvojčíslo určeným, obdrží je pouze za doplátek 40 hal. ve všech prodejnách.

Kuchařská škola

čili

důkladné navedení k samostatnému naučení se vaření a správné hospodárnosti.

Věnovaná všem dorůstajícím dívkám vůbec, zvláště pak nevěstám a mladým paním.

Sepsala Marie B. Svobodová.

KNIHA I. obsahuje kapitoly o výživě, o kuchyni, vodě, topení, nádobí, o látkách potravních a jich kupování, popis všelijakých kuchařských prací, o vaření, dušení, pečení a smažení vůbec.
KNIHA II. obsahuje navedení k upravování jednotlivých pokrmů, čili předpisy jídelní (recepty kuchařské).

Nakladatelství B. Kočího v Praze, Františkovo nábřeží 14 n.

Die Kochschule (Kuchařská škola) – eine Sonderbeilage mit einer Kochschule in der Zeitschrift *Der tschechische Haushalt*, 1910.

Rindszunge in Sardellensosse

Hovězí jazyk s ančovičkovou omáčkou

1 frische, nicht geräucherte Rindszunge • Salz

FÜR DIE SARDELLENSOSSE: *60 g Fett • 60 g Mehl • 1 kleine Zwiebel • Petersilie • 4 große Sardellen • Zitronensaft • Rindsuppe oder Wasser*

Für die Sardellensoße die feingehackte Zwiebel und Petersilie in einer Einbrenn anrösten lassen und mit Rindsuppe oder Wasser aufgießen. Dann die passierten oder kleingeschnittenen Sardellen zugeben, die Soße gut verkochen lassen und abschließend mit Zitronensaft abschmecken.

Die frische Rindszunge 3–4 Stunden in Salzwasser weichkochen, in kaltes Wasser legen, abhäuten, in Scheiben schneiden und mit der Sardellensoße übergießen. Als Beilage Reis oder Kartoffeln reichen.

Kaninchen in Rahmsosse

Králík na smetaně

8 Kaninchenläufe • 1 Teelöffel Salz • 3 Eßlöffel Öl • 2 große Zwiebeln • 2 Karotten • ⅛ Sellerieknolle • ½ Petersilienwurzel • 1 Teelöffel edelsüßer Paprika • ¼ l Rindsuppe • 200 ml Schlagobers

Die Kaninchenläufe von den feinen Häuten befreien, waschen, zerteilen und mit Salz einreiben. Die Teile in einer Kasserolle von allen Seiten scharf in Öl anbraten, dann die Temperatur auf kleinste Stufe reduzieren. Zwiebeln schälen, vierteln und dem Fleisch zugeben. Karotten, Sellerieknolle und Petersilienwurzel waschen, schälen und in dünne Scheiben geschnitten etwa 10 Minuten mitdünsten lassen. Den edelsüßen Paprika unterrühren und das Ganze mit Rindsuppe ablöschen. Die Kasserolle verschließen und das Kaninchen etwa 2 ½ Stunden dünsten lassen. Anschließend das Fleisch warm stellen und zur Soße Schlagobers beigeben, kurz aufkochen und pürieren. Die Kaninchenteile in der Rahmsoße anrichten und servieren. Als Beilage eignet sich Reis.

Rehragout

Srnčí ragú

½ kg würfelig geschnittenes Rehfleisch • 30 ml Öl • 50 g würfeliger Selchspeck • 2 große Zwiebeln • 300 g Wurzelwerk (¼ Sellerie, 1 große Petersilienwurzel, 2 Karotten) • etwas Rotwein • ½ l Rindsuppe • Salz • Pfeffer • 3 Wacholderbeeren • 1 Lorbeerblatt • 1 Stengel Thymian • 1 Knoblauchzehe • 200 g Preiselbeerkompott • Weinessig • ⅛ l Sauerrahm

Das Fleisch pfeffern und in einer Bratpfanne in heißem Öl bräunen, dann salzen, weiterrösten und in eine Kasserolle legen. Die Speckwürfel im Bratrückstand glasig rösten, die Zwiebel und danach das geschnittene Wurzelwerk leicht Farbe annehmen lassen. Dann mit Rotwein ablöschen und mit Rindsuppe oder Wasser auffüllen. Die Soße über das Fleisch gießen, die Gewürze und das Preiselbeerkompott beigeben und zugedeckt dünsten lassen. Falls die Soße zu flüssig ist, diese mit Sauerrahm binden. Als Beilage reiche man Erdäpfelpüree oder Knödel (S. 55).

Wildschweinbraten in Wacholdersoße

Divočák v jalovcové omáčce

1 ½ kg Wildschweinbraten (Rückenstück) • 1 Teelöffel Salz • Pfeffer • 150 g Speck • 40 g Butter • 40 g Mehl • ⅛ l Rotwein • 1 l Rindsuppe • 1 kleine Zwiebel • 100 g Schinken • 8 Wacholderbeeren • 200 g Schlagobers • 1 Teelöffel Zitronensaft

Den Wildschweinbraten waschen, gründlich trockentupfen, von Sehnen und Haut befreien, mit Salz einreiben und nach Geschmack leicht pfeffern. In einer Kasserolle den Speck erhitzen, das Fleisch hineinlegen und zugedeckt 2 ½ Stunden im vorgeheizten Backofen bei 190 °C dünsten lassen. Gelegentlich etwas heißes Wasser angießen.

Für die Soße Zwiebel und Schinken in kleine Würfel schneiden, in Butter anrösten, mit Mehl bestäuben und mit Rotwein und der Rindsuppe ablöschen. Wacholderbeeren zugeben, aufkochen und 20 Minuten unter gelegentlichem Rühren köcheln lassen. Zuletzt den Bratensaft aus der Fleischkasserolle abgießen, zur Soße hinzugeben, den Schlagobers unterrühren und mit Zitronensaft abschmecken. Das Fleisch in Scheiben schneiden, die Wacholderbeeren herausnehmen und die Soße über die Fleischscheiben gießen. Am besten mit Kroketten oder Röstkartoffeln servieren.

RECHTS: Vojtěch Bartoněk, *Auf dem Markt*, 1928.

LINKS: Titelblatt zu einer Ausgabe über Wildgerichte der Monatszeitschrift *Moderne Kochkunst und das Anrichten des Tisches*, 1928.

SKLAD
LAGER

Geflügelte Delikatessen
Hühner, Gänse, Enten

Im Kronprinzenwerk des österreichischen Thronfolgers Rudolf von Habsburg sind für das Jahr 1896 etliche sechs Millionen Gänse *(husy)* angeführt, die auf Böhmens Fluren schnatterten. Die meisten dieser gefiederten Zuchtvögel kamen im Lande selbst zum Verzehr, nur etwa eine halbe Million blieb für die benachbarten österreichischen Gebiete und für den Export nach Bayern, Sachsen und Preußen.

Durch eine Reihe von Festtagen stieg der Bedarf an Gänsen alljährlich in lichte Höhen. Da standen zunächst die Kirchweihtage im Kalender, die ohne Gänseschmaus undenkbar waren. Nach der Leberknödelsuppe folgte Gänseklein aus Flügel, Kopf, Füßen und Innereien. Zum Hauptgang schuf die Köchin einen knusprig im eigenen Fett geschmorten Gänsebraten, serviert mit Strapaziknödeln aus geriebenen Rohkartoffeln. Diesem Gänsemahl folgten die großen Kirchweihkolatschen – die wenigstens waren ohne Gänsefleisch.

Die Martinigans gehört zum 11. November wie der heilige Martin selbst. In manchen Spitälern wurden sogar eigene Stiftungen unterhalten, um den Ankauf der gemästeten Festgänse zu sichern. Auch am 26. Dezember, dem Festtag des heiligen Stephan, steht traditionell ein Gänsegericht auf dem Küchenzettel, ehe sich das lukullische Kalenderjahr seinem Ende zuneigt.

Neben Gänsen und Enten wurde im Böhmen des 19. Jahrhunderts jede nur denkbare Form von Federvieh zu Feinkost verwandelt. Was exotische Geflügelspeisen wie Kapaune mit Muscheln, Truthähne mit Mandelfüllung oder gedämpfte Täubchen dem adeligen Festbankett, das waren dem einfachen Landvolk das gemeine Hühnchen oder Henderl *(kuře)*, das nicht minder aristokratisch mundete, zumal zubereitet mit Lemoniesoße, saurem Schmetten, Krebsschweiflein, Herrenpilzen oder Karfiol, wie wir knurrenden Magens Rettigovás *Hausköchin* entnehmen.

Luděk Marold, *Auf dem Prager Eiermarkt*, um 1900.

HENDERL MIT SEMMELFÜLLE
Pečené kuřátko s nádivkou

1 Hühnchen • 60 g Butter • 1 Ei • Milch • 1 Semmel • 1 kleine Zwiebel • 1 Hühnerleber • 40 g Champignons • 10 g Brösel • Salz • Pfeffer • Majoran

Das Ei mit 30 g Butter flaumig rühren, dann die in Milch eingeweichte und ausgedrückte Semmel hinzufügen. In einer Pfanne 30 g Butter erhitzen und darin die Zwiebel mit der zerkleinerten Hühnerleber und den blättrig geschnittenen Champignons rösten und leicht salzen. Danach den Inhalt der Pfanne mit der flaumig geschlagenen Butter vermischen, mit Bröseln binden, nach Geschmack salzen, pfeffern und mit Majoran würzen.

Das Hühnchen gut reinigen, ausnehmen und die Haut, die seine Brust bedeckt, vorsichtig lockern. In den so entstandenen Hohlraum nun die Semmelfülle stopfen. Dann das gefüllte Henderl in einen Bräter geben, mit Wasser untergießen und eine Stunde lang unter wiederholtem Begießen mit Bratensaft rösten. Als Beilage sei Erbsenreis empfohlen.

Anuše Kejřová, *Arbeiterküche*, 1923.

HÜHNERLEBER AUF PILZEN
Kuřecí játra na houbách

600 g Hühnerleber • 2 große Zwiebeln • 100 g Fett • 150 g Champignons oder frische Pilze • 1 Teelöffel Mehl • Hühnersuppe • Salz • Pfeffer • Majoran • frische Petersilie

Die Zwiebeln in Fett goldbraun rösten. Blättrig geschnittene Champignons hinzugeben, mit etwas Hühnersuppe untergießen und ca. 10 Minuten dünsten. Die enthäutete, in Stücke zerteilte Leber beigeben und rasch bei starker Hitze rösten. Mit Salz, Pfeffer, Majoran und Petersilie würzen, mit Hühnersuppe untergießen und ein wenig ziehen lassen. Zum Schluß mit Mehl bestäuben und nochmals kurz aufkochen. Mit Pfeffer und Salz abschmecken. Als Beilage paßt Reis.

GEBRATENE HÜHNERSCHENKEL MIT GEMÜSE

Pečená kuřecí stehna se zeleninou

4 Hühnerschenkel • Salz • Pfeffer • edelsüßer Paprika • Knoblauchpulver • 1 große Zwiebel • 1 Eßlöffel Butter • 8–10 Erdäpfel • 300 g Möhren • 300 g Erbsen • Majoran • ½ l Hühnersuppe oder Wasser

Die Hühnerschenkel waschen, salzen, pfeffern und mit Paprika und Knoblauchpulver würzen. Die Zwiebel in Streifen schneiden und in eine mit Butter ausgeschmierte Backform legen. Die Kartoffeln und Karotten stückeln und gemeinsam mit den Hühnerschenkeln dazugeben. Das Gemüse leicht salzen und mit Majoran und Knoblauchpulver bestreuen. Die Hühnersuppe oder das Wasser eingießen und das Bratgut im vorgewärmten Ofen eine Stunde lang zuerst zugedeckt bei ca. 160 °C braten. Während des Bratvorganges die Hühnerschenkel mehrfach mit dem Bratensaft übergießen. Die Erbsen 10 Minuten vor dem Ende der Garzeit zu den Hühnerschenkeln geben.

Den Braten aufgießen. In einer böhmischen Küche anno 1900.

Gefüllte Hühnchenbrust

Plněná kuřecí prsa

4 Hähnchenbrüste • 200 g getrocknete Paradeiser • 1 Handvoll Salbeiblätter • 1–2 Knoblauchzehen • Salz • Pfeffer • Öl zum Anbraten

Die getrockneten Paradeiser und die Salbeiblätter feinschneiden und mit den gepreßten Knoblauchzehen vermischen. Die Hühnerbruststücke der Länge nach tief einschneiden und mit der vorbereiteten Menge füllen. Mit Salz und Pfeffer würzen und in heißem Öl auf jeder Seite scharf anbraten, dann langsam mit geschlossenem Deckel goldbraun rösten. Zusammen mit Erdäpfelpüree geben.

Fasanenbraten mit Kümmel

Bažant na kmínu

1 Fasan • 150 g Speck • 1 große Zwiebel • Salz • Pfeffer • Kümmel • 2 Wacholderbeeren • ½ l Rindsuppe • ⅛ l Rotwein

Den Fasan mit der Hälfte des Specks spicken, dann salzen, pfeffern und kümmeln. Den restlichen Speck und die Zwiebel in Würfel schneiden und in einem Bräter gelbglasig rösten, auf diesen den Fasan legen, mit Pfeffer und Wacholderbeeren würzen, mit Rindsuppe und Rotwein untergießen und im vorgewärmten Ofen zwei Stunden lang bei 180 °C garen. Während des Bratvorgangs den Fasan regelmäßig mit dem Bratensaft übergießen. Als Beilage eignen sich Rotkraut, Semmelknödel (S. 55) und Preiselbeerkompott.

Martinigans
Svatomartinská husa

Für 8 Portionen: *1 küchenfertige Gans (ca. 4 kg) • Pfeffer • Salz • Kümmel • 1 kg säuerliche Äpfel • 1 Zweig Thymian*

Václav Brožík, *Die Gänsehirtin*, um 1885.

Die küchenfertige Gans gründlich unter fließendem Wasser abspülen, gut trockentupfen, mit Pfeffer und Salz einreiben und mit Kümmel bestreuen. Die Äpfel schälen, entkernen und zusammen mit dem Thymian in die Bauchhöhlung der Gans geben. Zum Füllen können statt der Äpfel auch rohe geschälte Kartoffeln, gekochte Eßkastanien oder entrindete und in Wasser geweichte Semmeln verwendet werden.

Die Brust- und Halsöffnung mit Rouladennadeln oder Holzspießchen verschließen, den Vogel mit der Brust nach unten in einen Bräter legen, etwa ¼ l heißes Wasser angießen und in dem auf 180 bis 200 °C vorgeheizten Backofen zugedeckt mehrere Stunden braten (je nach Größe der Gans ca. 4 bis 6 Stunden). Die Gans zwischendurch wenden und gelegentlich mit Bratensaft begießen. Das ausgebratene Gänsefett in einen gesonderten Behälter abschöpfen. Erst wenn das Fleisch weich ist (in der letzten halben Stunde), den Deckel entfernen und die Gans auf diese Weise bräunen, bis sich eine knusprig-goldene Kruste bildet. Den Braten zusammen mit dem Bratenfond servieren, nachdem die Rouladennadeln entfernt sind. Die Bratäpfel, Erdäpfel oder Maroni der Fülle mit der Gans auftragen. Dazu als Beilagen Rösterdäpfel, Semmel- oder Kartoffelknödel (S. 55), Rotkraut (S. 117), Apfelmus oder Kompott.

e75 cl
98 63 03
BOHEMIA SEKT
ČESKOMORAVSKÁ VINAŘSKÁ, A. S.
STARÝ PLZENEC
PRODUCT OF CZECH REPUBLIC

Entenbraten mit Rotkraut

◁ *Pečená kachna s červeným zelím*

1 Ente (ca. 2 ½ kg) • Salz • Kümmel. Rotkraut: *1 kg Rotkraut in süß-saurer Marinade • 4 Gewürznelken • 4 Neugewürzkörner • 1 mittelgroße Zwiebel • Schweineschmalz • Mehl • Salz • Zucker • Essig*

Die Ente waschen und abtupfen, mit Salz von innen und außen einreiben, in einen Bräter legen, mit Wasser untergießen, mit Kümmel bestreuen und zunächst die eine Seite bei etwa 200 °C im Rohr braten. Dann die Ente wenden, die zweite Seite mit Kümmel bestreuen und weichbraten. Die Ente zugedeckt lassen, damit sie nicht austrocknet. Zwischendurch mit Bratensaft begießen, gegen Ende der Bratzeit dann ohne Deckel so lange braten, bis die Ente knusprig ist.

Von den Rotkraut-Gläsern wird etwa die Hälfte der Flüssigkeit abgegossen und aufbewahrt. Das Rotkraut in einen Topf geben, Gewürznelken und Neugewürzkörner hinzufügen und alles unter ständiger Kontrolle auf kleiner Flamme weichkochen. Falls es nach dem Verdampfen der Flüssigkeit noch nicht weich ist, die abgesonderte Marinade hinzugießen und alles weiterköcheln. Die feingehackte Zwiebel auf einem Stück Schweineschmalz oder dem bereits ausgelaufenen Entenfett glasig anbraten, stauben, mit etwas Wasser oder Marinade aufgießen und dem Rotkraut untermischen. Zuletzt mit Salz, Zucker und Essig abschmecken. Zum Entenbraten werden zudem Semmel- oder Kartoffelknödel (S. 55) serviert.

Gebratene Rebhühner

Pečené koroptve

4 Rebhühner • Salz und Pfeffer • 350 g Speck • 50 g Fett • ⅛ l Rahm

Die Rebhühner ausnehmen, auswaschen, salzen, pfeffern, dressieren, in eine Speckscheibe wickeln und mit Spagat binden. Ältere Rebhühner, die an den grau gefärbten Beinen zu erkennen sind, müssen zunächst 1 Stunde lang dünsten. Dann 30–45 Minuten in heißem Fett braten, unter wiederholtem Begießen mit heißem Wasser. Zum Schluß das Fett abschöpfen, die Rebhühner mit Rahm übergießen und den Saft aufkochen lassen. Als Beigabe Preiselbeerkompott, Rotkraut, Specklinsen oder Linsensalat reichen.

Eine Zeitungsannonce des auch Kafka gut bekannten Kammer- und Hoflieferanten Johann Stüdl auf dem Kleinseitner Ring.

Gebratener und gefüllter Indian

Pečený krocan s nádivkou

Für 8 Portionen: *1 Eßlöffel Öl • 100 g durchwachsener Speck • 1 Zwiebel • 5 Semmeln • 2 Eier • ⅛ l Milch • 400 g Eßkastanien • 12 Stück Cippolatawürste (gebratene Kalbsbratwürste) • Salz • Pfeffer • etwas Thymian • 1 Truthahn (3–4 kg schwer) • Speckscheiben je nach Größe des Indians • 20 g Mehl • 40 g Butter*

Zunächst folgende Fülle bereiten: Den gewürfelten Speck in Öl glasig rösten, dann darin die feingeschnittene Zwiebel anlaufen lassen und die entrindeten, kleinwürfelig geschnittenen Semmeln beigeben. Nun mit Salz, Pfeffer und gestoßenem Thymian würzen und die in Milch versprudelten Eier in die Masse unterrühren. Zuletzt die geschnittenen Würstchen und die gebratenen und geschälten Edelkastanien hinzufügen.

Den bratfertigen Indian innen und außen leicht salzen und die Füllmasse unter die vom Brustfleisch abgelöste Haut einfüllen. Dann mit einem doppelt genommenen Bindfaden zunähen, mit Speckscheiben umbinden und dressieren. Den so vorbereiteten Truthahn unter wiederholtem Begießen mit Bratensaft 2 ½ bis 3 Stunden bei 200 °C in Butter dünsten lassen. Die letzten 15–20 Minuten ohne Deckel braten, damit der Indian knusprig wird.

Etwaige übriggebliebene Fülle in einen mit Butter ausgestrichenen Topf ins Rohr dazustellen und gegen Ende mit Bratensaft übergießen. Als Beilage passen Kartoffeln, Reis oder gedünstetes Gemüse.

Das deutsche Gegenstück zur tschechischen *Domácnost* war die ebenfalls 1885 begründete Deutsche Kochschule in Prag, die ihr Schulgebäude in der Wladislawgasse *(Vladislavova)* 26 in der Prager Neustadt hatte. Auch diese Lehranstalt hielt dreimonatige Kochkurse ab, im Sommer stand auf dem Lehrplan das Einsieden von Obst. Bürger aus den umliegenden Gassen konnten bei Bedarf einzelne Speisen und ganze Festtafeln bei den Nachwuchsköchinnen bestellen. Stolz verwies die Schule auf ihr hauseigenes Grundlagenwerk, das *Kochbuch der Deutschen Kochschule in Prag* mit über 1200 erprobten Speisevorschriften. Ab 1923 war eine vereinfachte Version mit 116 Seiten im Umlauf.

Frische Fische
aus Böhmens Flüssen und Teichen

Allein aus den Fischteichen, die sich auf etwa 400 Quadratkilometern um das südböhmische Wittingau *(Třeboň)* erstrecken, werden alljährlich an die 15 000 Tonnen des edlen *cyprinus carpio* abgefischt. Der sandige Boden der Teiche, Seen und Weiher bietet die nahezu ideale Grundlage für die Karpfenzucht. Neben dem künstlichen, durch Teichwirtschaft geschaffenen Segen ist auch der Fischbestand in den natürlichen Gewässern des Landes nicht zu verachten. In den trüben, tiefen, gemächlich dahinfließenden Wasserläufen, etwa der Elbe *(Labe)*, sind Brachsen, Hechte, Zander, Schleien, Barsche, Aale und Welse beheimatet. In den sauerstoffreichen Gebirgs- und Waldbächen der Sudeten tummelt sich die flinke Forelle. Reiche Fischbestände an der Moldau *(Vltava)* sicherten der Fischereizunft in Prag ein gutes Auskommen. Tempi passati! Vergeblich sucht man heute nach den einst so beliebten Altprager Grundeln *(staropražské grundle)*, wie sie früher in den Wirtshäusern des Fischerviertels Podskal *(Podskalí)* gebraten wurden. Mit Kren und Brot oder Kartoffelsalat mundeten die getrockneten, gesalzenen, panierten und in heißem Öl herausgebackenen Gründlinge vorzüglich zum Bier.

Nicht nur Fische wurden an Fasttagen in geradezu sündhaften Mengen verspeist, auch Schnecken, Krebse und Wasservögel standen da auf dem Speiseplan. Da der Verzehr dieser Delikatessen nicht den Fastenverboten unterlag, halfen sie, die vierzig Tage bis zum Osterschmaus zu verkürzen, zumindest wenn man es sich leisten konnte. Wer mag, der schlage nach bei Magdalena Dobromila Rettigová und

Linke Seite: Bilder aus dem Alltag der südböhmischen Teichfischer in Wittingau.

Unten: Jindřich Vaňha, *Die Fischküche*, 1941.

lese, wie Hecht mit Sardellen gespickt, geräucherter Lachs in Papier gebraten und faschierte Krebse mit Karfiol und Spargel drapiert werden – und rüste sich für den nächsten Aschermittwoch.

Das wohl wichtigste Werk zur böhmischen Fischküche stammt von Jindřich Vaňha, dessen Familie seit Jahrhunderten das Fischereirecht in Prag ausübte. Vaňha gelang es, im Prag der 1930er Jahre ein Netz von Fischverkaufsstellen und -buffets einzurichten und sein Fischrestaurant am Wenzelsplatz zu einer ersten Adresse unter Feinschmeckern zu machen. In seiner 1941 veröffentlichten *Rybí kuchyně (Fischküche)* sind mehr als 3000 einschlägige Rezepte notiert, genug jedenfalls für die nächste Fastenzeit.

„Daß der Karpfen zu den Tafeldelikatessen gehört, ist allgemein bekannt, und auch die Allerärmsten verzichten bei einem Festschmaus nicht darauf, gar nicht zu sprechen von der Obrigkeit, die ihn zum Frühstück hat, zur Jause, zum Mittagessen und auch zum Abendessen. Auch das Volk gönnt sich diesen Überfluß so oft wie möglich. Die Landleute machen es den Stadtleuten nach, besonders wenn sie in die Stadt auf den Markt fahren. Sie kehren nicht früher heim, ehe sie nicht ihren Schlund mit Karpfen gefüllt haben, koste es was es wolle, denn nichts schmeckt so gut, als was man teuer bezahlen muß."

Johannes Dubravius, 16. Jh.

Karpfen mit Sardellenfilets

Kapr s ančovičkami

FÜR 4 PORTIONEN: *1 Karpfen (etwa 2 kg) • 50 ml Zitronensaft • 1 Zwiebel • 1 große Karotte • ¼ Selleriewurzel • 100 g Butter • ⅛ l Weißwein • 4 Erdäpfel • 8 Sardellenfilets • 2 Eßlöffel Semmelbrösel*

Den Karpfen ausnehmen, schuppen, gründlich waschen und trockentupfen. Mit Zitronensaft beträufeln und 30 Minuten ziehen lassen.

Zwiebel, Karotte und Sellerie schälen und in kleine Würfel schneiden, dann in einer Kasserolle in 50 g Butter andünsten und mit Weißwein ablöschen. Die gekochten Erdäpfel schälen und in den Bauch des Karpfens füllen. Den Fisch aufrecht auf das Gemüse stellen, mit den Sardellenfilets belegen und den Semmelbröseln bestreuen. Anschließend 50 g Butterflocken auf dem Karpfen verteilen und diesen 20–40 Minuten zugedeckt im vorgeheizten Backofen bei 180 °C garen, wobei der Fisch gelegentlich mit dem Bratenfond begossen wird. Den Karpfen zusammen mit dem Gemüse und den Salzerdäpfeln anrichten.

Gebratene Forelle

Pstruh na másle

4 Forellen • Salz • Pfeffer • 2 Zitronen • 100 g Butter • Petersilie zum Garnieren

Die Forellen ausnehmen, säubern, waschen und trocknen, dann salzen und pfeffern, mit Zitronensaft beträufeln und in heißer Butter rasch knusprig braten. Nach 5–8 Minuten die Fische wenden. Vor dem Servieren mit Zitronenspalten und feingehackter Petersilie garnieren. Als Beilage passen Petersilienkartoffeln oder in Butter gedünstetes Gemüse.

„In Böhmen sind die Flüsse von allen Seiten im Übermaß mit Fischen voll."
Cosmas von Prag, um 1100

GEKOCHTER ZANDER

Vařený candát

1 kg Zander • Salz • 1 Zwiebel • 1 Lorbeerblatt • 4 Pfefferkörner • 2 Nelken • ⅛ l Essig • Petersilie • 2 Zitronen • 70 g Butter • Senf

Den vorbereiteten Zander mit einem Faden dressieren (Kopf und Schwanz zusammenbinden). In etwa 1 Liter Wasser alle Gewürze zum Kochen bringen und den Fisch hineinlegen, dann eine halbe Stunde auf kleiner Flamme ziehen lassen. Nach dem Garkochen den Faden entfernen. Mit Kartoffeln, Petersilie und Zitronenspalten servieren. Nach Belieben mit heißer Butter übergießen oder mit Senfbutter (braune Butter mit 1 Eßlöffel Senf verrührt) anrichten.

Luděk Marold, *Tischgesellschaft*, 1894.

SCHLEIEN IN RAHM

Lín na smetaně

1 kg Fisch • Salz • 60 g Butter • 1 kleine Zwiebel • 3 Teelöffel feingehackte Kräuter (Petersilie, Schnittlauch, Dill)• ¼ l saurer Rahm

Den vorbereiteten Fisch in Stücke teilen und salzen. In der heißen Butter die feingehackte Zwiebel und die Kräuter dünsten, sodann die Fischstücke hineinlegen und von beiden Seiten kurz anbraten. Danach mit saurem Rahm begießen und etwa 20 Minuten zugedeckt dämpfen. Als Beilage paßt Safranrisotto oder Paprika und Fisolen.

FISCHAUFSTRICH

Rybí pomazánka

200 g Frischkäse (Aufstrichbutter) • ¼ kg geräucherte Sprotten • 1 mittelgroße Zwiebel • 4 Essiggurken • Salz • Pfeffer • 1 Teelöffel Senf • 2 Jungzwiebeln für die Garnierung

Die geräucherten Sprotten ohne Kopf und Flossen mit einer Gabel zerdrücken, den Frischkäse, die kleingeschnittenen Zwiebeln und Gurken beigeben, mit Salz, Pfeffer und Senf abschmecken. Den fertigen Aufstrich mit Jungzwiebeln garnieren und auf Brotscheiben servieren.

Altprager Grundeln

Staropražské grundle

800 g tiefgefrorene Grundeln • 4–5 Eßlöffel glattes Mehl • 2 Zitronen • frischgemahlener Pfeffer • Salz • Öl

Die gefrorenen Fische aus der Tiefkühltruhe nehmen und ein wenig aufgehen lassen. Mit kaltem Wasser abspülen und gründlich abtropfen lassen. Mit dem Saft von einer Zitrone beträufeln, mit Mehl bestäuben, salzen und pfeffern. Im Frittiertopf in heißem Öl zwei Minuten goldig backen. Nach dem Braten die Grundeln auf einer Küchenrolle abtropfen lassen und mit Zitronenspalten anrichten.

Allerlei Süsses
für Naschkatzen

Bis ins 18. Jahrhundert kam Rohrzucker auf unsicheren Routen aus Übersee ins Land. So teuer war der Zucker im Mittelalter, daß dieser in kleinen Dosen in Apotheken feilgeboten wurde. Da man sich mit Honig zu behelfen suchte, blühte die Imkerei auf. In den größeren Städten florierten eigene Honigmärkte. Mit der Entdeckung des Zuckergehaltes der Runkelrübe eröffneten sich neue Möglichkeiten der Zuckergewinnung, so daß nach 1800 in Schlesien und bald auch in den böhmischen Ländern zahlreiche Rübenzuckerfabriken aus dem Boden sprossen. Zumindest für die Zuckerhersteller war es ein Glück, daß sich Zuckerimporte aus den Kolonien infolge der napoleonischen Kontinentalsperre empfindlich verteuerten. Durch den rasch wachsenden Kaffeekonsum stieg der Süßstoffbedarf gegen Ende des 19. Jahrhunderts weiter an. Annähernd 95 % des in der k. u. k. Monarchie benötigten Zuckers kam aus böhmischen Zuckerfabriken. Renommierte Schokoladenhersteller wie Deli in Lobositz *(Lovosice)* und Jordan & Timaeus in Tetschen-Bodenbach *(Děčín-Podmokly)*, die Zwiebackfabrik Uhl-Breunig in Dallwitz *(Dalovice)* bei Karlsbad *(Karlovy Vary)*, die Keksfabrik Krause in Aussig *(Ústí nad Labem)* oder die Süßwaren-, Schokoladen- und Waffelerzeugung von Theodor Fiedor in Troppau *(Opava)* exportierten ihre süßen Erzeugnisse bis nach Amerika.

Gezuckerte Süßspeisen gehörten anno 1900 zum Standardrepertoire tschechischer Köchinnen in Prag, Brünn und Wien. Weit über die Landesgrenzen hinaus trugen die heimischen Küchenmädchen den Ruhm der böhmischen Dalken *(vdolky)*, einer mit Powidl oder Heidelbeeren und geriebenem Topfen kredenzten Germteigspeise, die wahlweise mit süßem oder saurem Rahm (Schmetten, tsch. *smetana)* gereicht werden – je nach Gusto und Geschmack. In Mähren kennt man sie als *beleše.* Unter Dalken versteht man dagegen an der March eher Kolatschen nach böhmischer Art.

Auch die Semmelbaba *(žemlovka,* S. 20*)* aus altbackenen Semmeln und Brotresten fand Eingang in die Küchengewölbe der Monarchie. Dabei werden abwechselnd Semmelscheiben mit Äpfeln geschichtet,

Linke Seite: Ein Mädchen in walachischer Tracht läßt sich einen *frgál* schmecken.

Unten: Anuše Kejřová, *Das böhmische vegetarische Kochbuch,* um 1930.

„Die geliebten Wuchteln *mit Powidlfüllung oder* Wanílisoß *waren eine Wucht, die* Balatschinkn *mit allen Arten von Marmeladen (auch* Hetscherlmarmelat *von der Hagebutte) oder salzig und mit Schwammerlfüllung nicht minder. Wenn ich schon bei den Marmeladen bin, muß ich der süßen Küche meiner lieben Mutter jenseits der* Balatschinken *Erwähnung tun. Ihre ganze Liebe galt den Torten, die für die großen Festtage, wozu auch der Geburtstag zählte, stets auf einen Tisch mußten. Als es keine Schokolade gab, bestanden die Tortenfüllung und ihr Schmuck natürlich aus Marmelade, etwa in Kombination mit Walnüssen. Es gab aber auch Crèmetorten, Mohntorten, Nußtorten und solche mit Streuselbelag, ferner Streusel-, Topfen-, Zwetschken- und Marillenkuchen.*
War etwas nicht aufgegangen, sondern wegen der altgewordenen Germ *„sitzengeblieben“, so sprachen wir von einem „Teigaffen“. Was nicht gelang, war ein* Gmua^{r}x. *Das konnte Schuld der Hausfrau sein, weil sie* bodscha^{r}t *war und einen* Bálawadsch *gemacht hatte, oder auch an den Zutaten liegen, die ein* Glúmbat *waren. Jedenfalls war es ein* Gfret *und ein* Quía^{r}x, *das die Köchin bedrückte.“*

Helmut Birkhan, *Kindheit in Wien*, über die Küche seiner egerländischen Mutter

mit Zucker, Zimt, Rosinen und Nüssen verfeinert und mit einer Mischung aus Eigelb und Milch durchtränkt im Rohr herausgebacken.

Als klassisch böhmische Süßspeise gelten die viereckigen, aus feinem Weizenmehl mit Hefezusatz braungebackenen und im Dutzend mit Powidl, Mohn oder Topfen gefüllten Buchteln *(buchty)*. Diese können gezuckert zum Kaffee oder zur Hauptmahlzeit genossen werden. Ging der Bursch auf Wanderschaft, so hatte er nämliche im Ranzen. Zum Glück waren die Küchlein bald verschlungen, und so kehrten die verlorenen Söhne wieder heim in Mutters Reich, wo allein man sich auf das Backen rechter Buchteln verstand. Auch dem zur Landwehr einberufenen Honza packt man Buchteln als Wundermittel gegen das Heimweh in den Tornister. Eine geradezu vornehme Auslese innerhalb der weiten Buchtelsippe bilden die zuckerbestreuten Dukatenbuchteln *(dukátové buchtičky)*, die zwar nur Teig ohne Fülle sind, dafür aber extrazart, serviert mit Vanillesoße oder Weinchaudeau *(šodó)*. Unter Ziegeln *(cihly)* versteht man dagegen Riesenbuchteln, die den halben Bräter ausfüllen können.

Eine nicht weniger verführerische Süßspeise böhmischer Herkunft sind die flachen Liwanzen *(lívance)* aus Germteig, die mit Powidl oder Marmelade und mit Zucker, Zimt oder Mohn genossen werden. Mit Honig übergossen verzehrt man sie zum Namensfest der heiligen Anna. Auf dem schwarzen Liwanzeneisen, der charakteristischen Backform mit dem praktischen Eisengriff, können je nach Größe vier bis sechs Liwanzen herausgebacken werden.

Palatschinken *(palačinky)* dagegen, eine Anleihe aus ungarischen Gefilden, sind dünne, in der Pfanne herausgebackene Fladen. Die mit Marmelade bestrichenen und zu Rollen gedrehten „Omeletten“, wie es mancherorts heißt, werden mit Puderzucker bestreut oder oft auch mit Eis oder Schlagobers gereicht.

Geradezu nationales kulinarisches Erbe sind die schon im 17. Jahrhundert bekannten Kolatschen *(koláče)*, die an Festtagen und auch sonst zu allen möglichen Anlässen aus Germteig zubereitet werden. Der Name stammt von *„kolo“*, der slawischen Bezeichnung für das Rad. Die Deutschen im Erzgebirge kannten dieses Backwerk unter dem Namen Talerkuchen. Eine Hochzeit auf dem Lande war ohne die runden Küchlein unvorstellbar, die zu diesem Anlaß reich und schön verziert sein mußten. Die prächtigsten Kolatschen wußten die Bäcker in Taus *(Domažlice)* und dem umliegenden Chodenland *(Chodsko)* zu backen.

Bei Kolatschen ist mit erheblichen regionalen Größenunterschieden zu rechnen: die kleinen Kolatschen *(koláčky)* mit einem Durchmesser von nicht mehr als fünf Zentimetern hießen im Tschechischen „die unsrigen", wiewohl sie in der Größe exakt den Talerkuchen der deutschen Erzgebirgler entsprachen. Die handtellergroßen Kolatschen etwa aus dem Egerland waren dagegen als deutsche Kolatschen bekannt. So wurden auch die Riesenkolatschen über das ganze Backblech bezeichnet, die man in Mähren *táč* nennt. Auf bis zu 30 Zentimeter Durchmesser bringen es die dünnausgewalzten *frgály* (auch *frngály*) aus der mährischen Walachei, die oft mit Birnenpowidl bestrichen werden *(hruščáky)*. Mit Topfen heißen sie *tvarožáky*, mit Zwetschkenpowidl *trnčáky* und mit Mohn *mačáky*.

Umschlag der kulinarischen Zeitschrift *Moderne Kochkunst und das Anrichten des Tisches*, 1929.

Zu Dalken, Buchteln und Kolatschen jeglicher Dimension gehört Zwetschkenpowidl, die böhmische Krönungssalbe, wie ein kluger Kopf einmal witzelte. Der Begriff leitet sich vermutlich von *po jídle* her, zu deutsch etwa „nach dem Essen", eignet sich der köstliche Stoff doch vorzüglich zum Dessert. Zu powidlähnlichen Massen können auch andere Früchte verkocht werden, Powidl im engeren Sinne wird jedoch aus reifen Zwetschken gekocht, und das fast ohne Zuckerzusatz, wie jeder Kochkundige zwischen Moldau und Elbe weiß. Nicht nur im Land der Tschechen kennt man den oder die Powidl. Selbst die Wiener halten das Elixier, mit dem sie die gleichnamigen Tascherl *(povidlové taštičky)* aus Nudelteig füllen, für das „allerhöchste Glück", zumindest wenn es nach Sängern wie Hermann Leopoldi oder Peter Alexander geht. Nicht nur zu jeglichem Süßen paßt Powidl, er darf selbst zum Weihnachtskarpfen nicht fehlen. Die Riesengebirgler schätzen Powidlsoße zum Räucherfleisch, wobei der dunklen Soße an besonderen Festtagen schwarzes Bier, Nüsse und Rosinen beigemengt werden.

Für richtige Gourmets böhmischen Zuschnitts vergeht ja kaum ein Tag im Jahr ohne Powidl. Das eigentliche Hochfest des Gnadenelixiers wird jedoch am 28. September begangen, dem Tag des böhmischen Schutzheiligen Wenzel, wenn die Zwetschkenernte ihrem Ende zugeht. Abends nach der Erntearbeit wird dann der Powidl gekocht, wobei Verwandte und Nachbarn bei dieser fröhlichen Arbeit an der frischen Luft willig mithelfen. Unter Lachen, Tanzen und Singen wechseln sie sich beim anstrengenden Rühren der kochenden Powidlmasse ab. Und so manches Stamperl Sliwowitz wird da geleert, bis die dunkelbraune Masse endlich ins Glas findet und den Helfern alles Powidl ist.

In den Böhmischen Ländern ist Powidl (von tsch. *povidla* zu *víti* – umrühren), das unter fortwährendem Kochen und Umrühren eingedickte Zwetschkenmus ein nationales Küchenheiligtum. So typisch galt der, die oder das Powidl den Deutschen, daß sie die tschechischen Landesbewohner scherzhaft Powidlböhm' nannten.

Liwanzen
Lívance

25 g Hefe • 70 g Zucker • 300 g Mehl • 3 Eier • 1 Prise Salz • ½ l Milch • Fett • 100 g Butter • 60 g Staubzucker • 1 gestrichener Teelöffel Zimt. Zum Bestreichen: *Marmelade oder Powidl • frische Früchte • Schlagobers*

Die Hefe gut mit Zucker verrühren. Mehl in eine Schüssel streuen, die Hefemischung, Eier, Salz und Milch dazugeben und alles zu einem flüssigen Hefeteig verarbeiten. Den Teig an einer warmen Stelle gehen lassen, bis er sein Volumen verdoppelt hat. Eine gußeiserne Pfanne 10 Minuten erhitzen und mit Fett einreiben. Mit dem Schöpflöffel den Teig in die Pfanne geben, so daß kleine Fladen von etwa 10 cm Durchmesser entstehen. Die Liwanzen von beiden Seiten goldgelb braten und warm stellen, die Pfanne erneut gut mit dem Fett einreiben. Wenn alle Liwanzen gebacken sind, diese mit ausgelassener Butter bestreichen, aufeinanderlegen und warm stellen. Auf vorgewärmten Tellern mit einer Mischung aus Puderzucker und Zimt bestreuen und servieren. Die Liwanzen können auch mit Marmelade, Powidl, frischen Heidelbeeren und geriebenem Topfen oder Schlagobers aufgetischt werden.

„Liwanzen sind mit Quark am besten, den Leberkäs macht man aus Resten."

Götz Fehr, *Fernkurs in Böhmisch*

Apfelstrudel
Jablkový závin

Für 6 Portionen: *280 g Mehl • ¼ kg Butter • 180 g Zucker • Salz • 2 Eier • 2 Eßlöffel Milch • 2 Eßlöffel Weißwein • ¾ kg Äpfel • 60 g Semmelbrösel • gemahlener Zimt • 60 g gestiftelte Mandeln • 60 g Rosinen • etwas Zitronensaft • Staubzucker zum Bestreuen*

Mehl mit 200 g Butter abbröseln, dann mit 80 g Zucker, Salz, 2 Eidottern, Milch und Wein zügig zu einem Teig kneten, diesen eine Stunde an einem kalten Orte ruhen lassen. Den Teig auf einem großen, bemehlten Küchentuch in Gestalt eines Rechteckes dünn auswalken und mit geschälten, blättrig geschnittenen Äpfeln sowie mit den in Butter hellbraun gerösteten Semmelbröseln, mit 100 g Zucker, Zimt, Mandeln und Rosinen bestreuen und gegebenenfalls mit Zitronensaft beträufeln. Die Teigränder mit Eiklar bestreichen und die Seitenteile über die Fülle legen. Jetzt den Teig mithilfe des Küchentuchs der Länge nach aufrollen und beide Enden gut aufeinanderdrücken. Dann den Strudel mit Eiklar bestreichen und 30–45 Minuten bei etwa 180 °C im Rohr backen und auskühlen lassen. Vor dem Servieren mit Staubzucker bestreuen.

„Der Apfel, den der Adam aß, macht uns als Apfelstrudel Spaß."

Götz Fehr, *Fernkurs in Böhmisch*

Dukatenbuchteln mit Vanillesosse

Dukátové buchtičky s vanilkovým krémem

Für 6 Portionen: *25 g Hefe • 50 g Zucker • 100 g Butter • ¼ l Milch • 1 Prise Salz • ½ kg Mehl • 3 Eidotter • Fett für die Auflaufform • 2 Eßlöffel Öl • 2 Eßlöffel Staubzucker*
Vanillesosse: *2 Eidotter • ½ l Milch • 60 g Vanillezucker • 1 Eßlöffel Vanillepuddingpulver • Rum*

Die Hefe mit dem Zucker verrühren. Die Butter kurz erhitzen, mit der Milch auffüllen und der Hefemischung zugeben. Das Mehl in eine Schüssel sieben, Milch, eine Prise Salz, die flüssige Hefe und Eidotter dazugeben und alles zu einem Hefeteig verkneten. Nach einer halben Stunde Gehzeit den Teig auf einem bemehlten Backbrett auswalken, dann handtellergroße Scheiben ausstechen, deren Ränder nach oben schlagen und zusammendrücken. Die Teigtaschen in eine gut gefettete Auflaufform legen und wieder eine halbe Stunde gehen lassen. Nun diese mit Öl bestreichen und 30 Minuten im auf 200 °C vorgeheizten Backofen goldbraun backen. Die Buchteln heiß stürzen und mit Staubzucker bestreuen.

Vanillesosse: Die Eidotter in Milch verquirlen und mit dem Vanillezucker sowie dem Vanillepuddingpulver in einer Metallschüssel verrühren. Die Masse unter ständigem Schlagen über Dampf dick werden lassen. Zuletzt noch etwas Rum hineinträufeln.

Die im ganzen Land bekannten Buchteln (fallweise die Buchte oder das Buchtel) kennt man in Österreich auch als Wuchteln. Die alten Begriffe Ofenknödel, Krapfen oder Wackerl wurden von der Bezeichnung Buchtel vollständig verdrängt.

Jan Kuchař, *Ausrichtung von Gastmahlen*, 1891.

Haselnussscheiben

Plátky z lískových ořechů

150 g Mehl • 50 g Zucker • 100 g Butter • gemahlener Ingwer • 1 Eiklar • 50 g ganze Haselnüsse

Butter mit Mehl abbröseln und auf einem Brett mit Zucker, gemahlenem Ingwer und Eiklar zu einem Teig verarbeiten, in den zuletzt die geschälten Haselnüsse eingeknetet werden. Von dem Teig eine Rolle formen, in Papier einhüllen und 1 ½ Stunden auf Eis legen, dann in dünne Scheiben schneiden und auf einem unbestrichenen Blech im Rohr backen.

Powidltascherl

Povidlové taštičky

▷

Teig: *500 g Mehl • 1 Ei • etwas Salz.* Fülle: *300–400 g Powidl • 1 Eßlöffel Rum • Zimt • etwas Zucker • 1 Ei • 2–3 Eßlöffel Staubzucker*

Teig: Das Mehl auf ein Backbrett sieben und mit dem Ei, dem Salz und unter schrittweiser Beigabe von ca. 200 ml warmen Wasser gut zu einem weichen Teig kneten. Diesen auf der bemehlten Arbeitsfläche einen halben Zentimeter dick ausrollen und handtellergroße Flecken ausstechen.

Fülle: Powidl mit Rum, Zimt und Zucker abschmecken und gleichmäßig auf die Flecken verteilen. Das Ei mit etwas Wasser verquirlen und damit die Teigränder bestreichen, diese übereinanderschlagen und gut verschließen. Die Tascherl für ca. 6 Minuten in siedendes Salzwasser geben, bis sie obenauf schwimmen. Mit dem Schaumlöffel werden sie anschließend herausgeholt und kurz unter kaltem Wasser abgeschreckt und getrocknet. Vor dem Anrichten die Powidltascherl mit Zimt und Staubzucker bestreuen.

Oben: Die stadtbekannte „Zukkerbaba" *(cukrová babička)* Marie Plíhalová, die sonntags an den Promenaden im Baumgarten Süßgebäck feilbot.

Unten: Böhmische Kernkraft – Zwetschken.

Gebackene Zwetschken

Smažené švestky

¼ l Weißwein • 200 g Mehl • Salz • 190 g Zucker • Zimt • die geriebene Schale einer ¼ Zitrone • 2 Eiklar • 1 kg getrocknete Zwetschken • 100 g Mandeln oder wahlweise 40 g Marzipan • ½ kg Fett • 140 g Schokolade

Zunächst wird der Backteig zubereitet: Der Weißwein wird mit Mehl, Salz, 60 g Zucker und der Zitronenschale zu einem glatten Teig verquirlt, in den man schließlich den festen Schnee unterhebt.

Nun große getrocknete Zwetschken in Wasser halbweich kochen und nach nochmaligem Aufkochen auskühlen lassen. Die Kerne herausnehmen und an ihrer Stelle je eine geschälte Mandel oder etwas Marzipan legen. Dann die Früchte mit 130 g Zucker und Zimt würzen, in den vorbereiteten Backteig tauchen, in heißem Fett backen und zum Abtropfen auf Filtrierpapier geben.

Solange die gebackenen Zwetschken noch heiß sind, diese in geriebener, mit Zucker vermischter Schokolade rollen und auftragen.

Böhmische Dalken
České vdolky

25 g Hefe • 2 Teelöffel Zucker • 400 g Mehl • 1 Prise Salz • 2 Eier • ¼ l Milch • 10 g Vanillezucker • 300 ml Öl • 400 g Powidl oder Marmelade • 400 g Topfen

Die Hefe und den Zucker mit ein wenig warmer Milch gut verrühren. Das Mehl mit einer Prise Salz in eine Schüssel streuen, die flüssige Hefe, Eier, restliche Milch und Vanillezucker dazugeben und alles zu einem Hefeteig verarbeiten. Nach 30 Minuten Gehzeit aus dem Teig kleine runde Fladen formen, die auf der bemehlten Arbeitsfläche weitere 15 Minuten gehen müssen.

Die Dalken in einer großen Pfanne in Öl auf jeder Seite etwa 4 Minuten herausbacken, kurz abtropfen lassen, mit Powidl oder Marmelade bestreichen und dann mit dem Topfen garnieren. Sofort servieren.

„Wie meisterhaft verstehen sie sich, nachdem sie zwei Deka Germ beim Glosauer-Bäcker geholt haben, auf die Zubereitung von Hefeteig! Sie setzen ihn als große Buchteln, gefüllt mit Powidl oder als zierliche Dukatennudeln in die Kasserolle; sie flechten mehrstöckige Zöpfe zum sonntäglichen Striezl; sie kneten Hefe in Kartoffelteig und backen Götzen; sie rühren Hefe unter Palatschinkenteig, schöpfen diesen in die flachen Mulden einer besonderen Pfanne und backen lockere Liwanzen, über die rotes Hätschabätsch fließen muß; sie mengen Hefe in Knödelteig und bereiten den böhmischen Hefeknödel, für den man den Teig fester rühren muß als für Buchteln, damit er nicht spindig wird; sie ziehen Hefeteig ganz dünn über große Backbleche, häufen Äpfel, Quark oder gequetschten, mit Honig, Eiern, Rosinen und Butter verrührten Mohn darauf und krümeln Streusel reichlich darüber.“

Barbara von Wulffen, *Urnen voll Honig*

Palatschinken
Palačinky

220 g Mehl • ½ l Milch • 1 Eidotter • 2 Eier • Salz • 60 g Zucker • 80 g Butter oder Öl • 150 g Marillenmarmelade oder Powidl • Staubzucker zum Bestreuen

Das Mehl zunächst mit Milch, dann mit dem Eidotter und den zwei Eiern, mit Salz und Zucker zu einem glatten, dünnflüssigen Teig verrühren. Ein wenig Fett in einer Omelettenpfanne heiß werden lassen und in diese dann so viel vom Teig hineingießen, daß der Boden des Geschirrs unter Neigen und Drehen dünn bedeckt ist. Die Teigfladen bei mäßiger Hitze zuerst auf der einen, dann auf der anderen Seite hellbraunbacken. Die bereits fertigen Palatschinken zum Warmhalten in den Backofen stellen.

Vor dem Servieren die möglichst heißen Palatschinken mit Marillenmarmelade oder Powidl bestreichen, zusammenrollen und mit Staubzucker bestreuen.

LIKÉR
20%
0,5 l

Prager Nusstorte

Pražský ořechový dort

6 Eidotter • 60 g Zucker • 4 Eiklar • 1 Prise Salz • 350 g Staubzucker (sowie 2 Eßlöffel Staubzucker für den Tortenschmuck) • 100 g Löffelbiskuit • 100 g gemahlene Walnüsse • 1 Teelöffel Backpulver • Semmelbrösel • 150 g Butter • 10 g Vanillezucker • 3 Eßlöffel Rum • 200 g Schlagobers • 16 Walnußhälften

Zur Bereitung des TEIGES 4 Eidotter mit 60 g Zucker schaumig rühren. In einer anderen Schüssel das Eiklar steif schlagen und nach und nach 50 g Staubzucker sowie eine Prise Salz beimengen, bis ein schnittfester Eischnee entsteht, der vorsichtig unter die Eigelbmasse gehoben wird. Geriebenen Löffelbiskuit, gemahlene Walnüsse und Backpulver schrittweise unterheben. Den Teig in eine gefettete und mit Semmelbröseln ausgestreute Springform geben und sogleich in den auf 170 °C vorgeheizten Backofen schieben. Nach 35 Minuten Backzeit kurz abkühlen, vorsichtig den Springrand lösen und den Boden auf ein Gitter stürzen. Nach dem vollständigen Auskühlen wird der Kuchen in der Mitte mit einem langen scharfen Brotmesser geteilt.

Zur Bereitung der FÜLLE 150 g Butter schaumig schlagen, nach und nach 100 g Staubzucker, 2 Eidotter, Vanillezucker und 1 Eßlöffel Rum unterrühren. Die Creme auf den unteren Tortenboden streichen, die andere Hälfte auflegen und leicht andrücken.

Für den TORTENSCHMUCK 150 g Staubzucker, 2 Eßlöffel heißes Wasser und 2 Eßlöffel Rum zu einer glatten Glasur verrühren und damit die Oberfläche und den Rand der Torte bestreichen. Zuletzt das Schlagobers steif schlagen, 2 Eßlöffel Staubzucker untermengen und einen Klecks Obers auf die Mitte geben. Walnußhälften mit Glasur am Tortenrand befestigen, dann die Torte für 2 Stunden kaltstellen. Das restliche Schlagobers mit dem fertigen Backwerk servieren.

Heinrich Hiller, *Markt auf dem Altstädter Ring in Prag*, um 1880.

Marmorgugelhupf

Mramorová bábovka

220 g Butter • 120 g Staubzucker • 50 g Stärkemehl • 1 Eßlöffel Rum • Salz • 10 g Vanillezucker • die geriebene Schale einer halben Zitrone • 4 Eier • 100 g Kristallzucker • 220 g Mehl • 12 g Backpulver • ⅛ l Milch • 20 g Kakao

Die Goldene Stadt Prag wurde Anfang des 20. Jahrhunderts zum Namensgeber für etliche regionale Spezialitäten. So begegnen uns in den Kochbüchern die Prager Püreesuppe, Prager Eier, Prager Schinken, Prager Nockerl, Prager Griesknödel, Prager Zwieback, Prager Gewürzküchlein, Prager Krapfen oder die Prager Baisertorte.

Die Butter mit Staubzucker, Stärkemehl, Rum, Salz, Vanillezucker und Zitronenschale schaumig rühren, nach und nach die Eidotter und dann abwechselnd Milch und das mit Backpulver vermischte Mehl einrühren. Festen Schnee schlagen, löffelweise den Kristallzucker zugeben und den steifen Schnee in die Masse einheben. Ein Drittel der Masse mit 20 g Kakaopulver einfärben.

Die mit Butter ausgestrichene Gugelhupfform mit Mehl bestäuben. In die Form wird abwechselnd gelber und kakaobrauner Teig gefüllt. Nach einer Backzeit von 70 Minuten den Gugelhupf abkühlen lassen, aus der Form stürzen, mit Staubzucker bestreuen und servieren.

Topfengugelhupf
Tvarohová bábovka

170 g Butter • 140 g Zucker • 10 g Vanillezucker • die geriebene Schale einer halben Zitrone • 4 Eier • 40 g geschälte und gestiftelte Mandeln • 40 g Rosinen • 200 g Topfen • 280 g griffiges Mehl • 12 g Backpulver

Butter, Zucker, Vanillezucker, Zitronenschale und Eidotter werden schaumig geschlagen, die Mandeln und Rosinen eingerührt, dann wird der Topfen beigegeben. Das Mehl wird mit Backpulver vermischt und beides mit der Masse vermengt. Zuletzt wird der steifgeschlagene Schnee vorsichtig untergehoben.

Der Teig wird in eine gebutterte, mit Mehl ausgestaubte Gugelhupfform gefüllt und im Rohr 45–50 Minuten lang gebacken (zunächst auf 180 °C, in den letzten 20 Minuten auf 120 °C).

In einer Prager Konditorei

„Weiße Inseln schweben über Kaffee, Schokolade und Tee in den Tassen, häufen sich auf Torten und füllen Röllchen aus Butterteig und Biskuit, aus Mandelteig und schokoladegezierten Oblaten, weißer Schaum füllt Nußtüten und Cremeschnitten; gesüßt und ungesüßt, bunt oder mit Vanille oder ohne, mit Obstgeschmack in verschiedensten Varianten."

Prager Presse, 1930

Walachische Kolatschen

Valašské frgály

Für 8 Portionen

Teig: *700 g halbgriffiges Mehl • 300 g glattes Mehl • 250 g Butter für den Teig • 180 g Zucker sowie 1 Eßlöffel Zucker für das Dampfl • 70 g Hefe • 4 Eidotter • ½ l Milch • ¼ Teelöffel Salz • 1 Ei zum Bestreichen*

Birnenmusbelag: *1 Glas Birnenpowidl oder 300 g Kletzen • 2 Sternchen Badian • 2 Zimtstangen • 4 Nelken • etwas Zucker (je nach Süße der Birnen)*

Topfenbelag: *400 g Topfen • 10 g Vanillezucker • 1 Ei • ½ Teelöffel Vanilleextrakt • 1 Päckchen (40 g) Vanillepudding*

Mohnbelag: *200 ml Milch • 300 g gemahlenen Mohn • Zucker nach Geschmack • 2 Eßlöffel Rum • 2 Eßlöffel Powidl • ½ Teelöffel Zimt*

Streusel: *200 g glattes Mehl • 180 g Zucker • 100 g Butter*

Glasur: *100 g Butter • 1 Teelöffel Zucker • 50 ml Rum*

Anuše Kejřová, *Sparsame Küche*, um 1935.

Zubereitung des Teiges: Die Hefe in eine Schüssel zerbröseln und zusammen mit einem Eßlöffel Zucker so lange rühren, bis sie sich verflüssigt. Dann 2 Löffel Mehl und etwas lauwarme Milch hinzufügen, damit ein feiner Teig entsteht. Dieses Dampfl 10 Minuten in der Wärme gären lassen und dann zu den anderen Ingredienzen des Teiges mischen (restliches Mehl, Salz, Zucker, zergangene Butter, Eidotter und Milch). Den Teig ordentlich kneten, dann die Schüssel mit einem Geschirrtuch abdecken und eine halbe Stunde in der Wärme gehen lassen. Diesen Vorgang zwei Mal wiederholen. Während der Teig gärt, sollen die verschiedenen Beläge und die Streusel zubereitet werden.

Zubereitung des Belages. Birnenmusbelag: Die getrockneten Dörrbirnen (Kletzen) mit den Gewürzen weichkochen, mixen und nach Geschmack süßen. Topfenbelag: Der Topfen wird mit dem Ei, dem Vanillezucker, dem Vanilleextrakt und dem Vanillepudding gut verrührt. Mohnbelag: Den Mohn mit der Milch zu einer dikken Masse verkochen, je nach Bedarf Milch zugeben. Nach dem Zuckern den Belag mit Powidl, Rum und Zimt abschmecken. Streusel: Aus Mehl, Zucker und Butter die Streusel kneten.

FERTIGSTELLUNG DER KOLATSCHEN: Sobald die Beläge bereitstehen, können die Kolatschen fertiggemacht werden. Den aufgegangenen Teig in 8 Stücke teilen und jeweils auf Backpapier zu einem runden, dünnen Fladen von 30 cm Durchmesser auswalken. Die Ränder zu einer Wulst formen und mit verquirltem Ei bestreichen, die Mitte mit einer 1 cm dicken Schicht belegen und mit Streuseln bedecken, dann 15 Minuten gehen lassen. Zum Schluß die Kolatschen 20 Minuten bei 180 °C goldbraun backen, nach dem Herausnehmen aus dem Ofen mit einer Mischung aus Rum, Butter und Zucker begießen.

MOHNSCHNITTEN

Makovec

1 Ei • 200 g Zucker • die geriebene Schale einer Zitrone • 200 g gemahlener Mohn • ¼ l Milch • 12 g Backpulver • ¼ kg glattes Mehl • Fett für das Blech

Das Ei mit dem Zucker schlagen, Zitronenschale, Milch, Mohn und mit Backpulver vermengtes Mehl beigeben. Alles gut durchrühren. Den Teig auf ein gefettetes und mit Mehl ausgestreutes Blech legen. Im nicht vorgewärmten Ofen bei 180 °C 30–40 Minuten backen.

Ribiselkuchen

Rybízový koláč

2 Eier • 100 g Zucker • 100 g Butter • 200 ml Milch • 400 g halbgriffiges Mehl • 12 g Backpulver • 10 g Vanillezucker • Zimt • 1 Prise Muskatnuß • 400 g Ribiseln • 40 g Puderzucker • 80 g griffiges Mehl

Zuerst die Streusel vorbereiten: 50 g weiche Butter mit Puderzucker, Zimt und griffigem Mehl durchkneten, bis diese bröselig wird.
Teig: In einer großen Schüssel 50 g Butter mit Zucker schaumig schlagen, Eier, Milch, Vanillezucker, Zimt und das mit dem Backpulver vermischte halbgriffige Mehl hinzufügen. Die Masse in eine mit Fett ausgestrichene und mit griffigem Mehl ausgestäubte Form gießen. Dann gleichmäßig mit Ribiseln bedecken, zuletzt die vorbereiteten Streusel darüber streuen und 45 Minuten lang bei 170 °C backen.

Schmarren mit Waldfrüchten

◁ *Trhanec s lesními plody*

8 Eidotter • 8 Eiklar • 60 g Zucker • 330 ml Milch • ¼ kg Mehl • Salz • 100 g Butter • 80 g Rosinen • 30 g Mandelsplitter (Blättchen) • 300 g Heidelbeeren • 150 g Himbeerkonfitüre • Staubzucker zum Bestreuen

Eidotter, Zucker, Milch, Mehl, Salz zu einem flüssigen Teig verrühren und den Schnee aus den 8 Eiklar unterheben. Alles in eine Pfanne mit 80 g heißer Butter gießen, mit Rosinen bestreuen, auf der unteren Seite rösten, umwenden und sobald er auch auf der zweiten Seite gebräunt ist, mit einer Gabel in kleine Stücke zerreißen. Diese ebenfalls rösten und mit in 20 g Butter angerösteten Mandelsplittern, frischen Blaubeeren und Himbeerkonfitüre in einer Schüssel anrichten. Den Staubzucker darüberstreuen und auftragen.

Helfen beim Backen von Kuchen und Kolatschen. Böhmen um 1950 (oben) und 1920 (unten).

Karlsbader Ringerl

Karlovarské věnečky

270 g Butter • 70 g Zucker • die geriebene Schale einer halben Zitrone • 1 roher Eidotter • 3 hartgekochte Eidotter • 270 g Mehl • 30 g Mandeln • 20 g Kandiszucker • 1 Ei zum Bestreichen • Butter und Mehl für das Blech

Die flaumiggerührte Butter mit Zucker, der Zitronenschale, rohen und hartgekochten Eidottern und Mehl zu einem Teig vermengen, diesen nach halbstündigem Rasten an einem kalten Ort messerrückendick auswalken und in Form von Kreisringen ausstechen. Die Ringe mit verquirltem Ei bestreichen, mit grobgehackten Mandeln und grobgestoßenem Kandiszucker bestreuen und in mäßig heißem Rohr lichtbacken.

Topfenschnitten Mischa
Tvarohové řezy Míša

6 Eier • 6 Eßlöffel Staubzucker • 2 Eßlöffel Öl • 6 Eßlöffel halbgriffiges Mehl • 12 g Backpulver • die geriebene Schale einer Zitrone • 350 g Butter • ½ kg Topfen • 20 g Vanillezucker • 120 g Kochschokolade • 2 Eßlöffel Milch • 50 g geraspelte Schokolade

Die Eier zerschlagen und trennen. Aus dem Eiklar einen steifen Schnee rühren. In einer Schüssel Eidotter mit Staubzucker schaumig schlagen, dann Öl, die geriebene Schale einer halben Zitrone und das mit Backpulver vermischte Mehl einarbeiten. Vorsichtig den Schnee in die so hergestellte Masse unterheben. Den Teig auf ein hohes, mit Backpapier ausgelegtes Backblech geben und etwa 10 Minuten lang bei 170 °C backen.

Während der Boden auskühlt, wird die Füllung vorbereitet. Den Topfen mit 250 g weicher Butter, Vanillezucker und der geriebenen Schale der zweiten Zitronenhälfte vermengen und gut verrühren. Dann damit den ausgekühlten Kuchen bestreichen.

Zuletzt für die Glasur die Schokolade in einem Wasserbad auflösen, die Milch einrühren, alles mit 100 g zerlassener Butter vermengen. Mit dieser Schokoladenglasur die Topfenfüllung überziehen. Den Kuchen kaltstellen. Zur Verzierung geraspelte Schokolade auf die Oberfläche streuen.

Unter den süßen Versuchungen ist die Cola-Limonade Kofola zu erwähnen, die seit 1960 in Opava-Komárov hergestellte Antwort auf die westlichen, und damit seinerzeit schwer zugänglichen Getränke

Coca Cola und Pepsi Cola. Heute wird Kofola in Krnov (Jägerndorf) produziert und erfolgreich in der Tschechischen Republik und der Slowakei, aber auch in Ungarn und Polen vermarktet.

Lebkuchen

Perník

¼ l Öl • ¼ kg Zucker • 10 g Vanillezucker • ½ l Milch • 1 Ei • ½ kg halbgriffiges Mehl • 12 g Backpulver • 1 Eßlöffel Lebkuchengewürz (eine Mischung aus Nelke, Zimt, Kardamom) • 1 Eßlöffel Honig • 1 Eßlöffel Kakao • 100 g grob gehackte Walnüsse • 100 g in Rum eingelegte Rosinen • Staubzucker zum Bestreuen

Alle Ingredienzen in eine Schüssel geben und gut durchmischen. Den Teig in ein hohes, mit Backpapier ausgelegtes Backblech gießen und gleichmäßig verteilen. Im vorgewärmten Ofen bei 160–170 °C etwa 40–45 Minuten backen. Vor dem Servieren mit ein wenig Staubzucker bestreuen.

Pilsner Urquell

Hopfenbräu
Der schäumende Treibstoff Böhmens

Oben: Braukessel aus einer Privatbauerei.

Unten: Frisch gezapftes Bier wartet auf seine Zecher.

Böhmischer Hopfen *(chmel)* genießt bei Bierbrauern in der ganzen Welt einen exzellenten Ruf, besonders jener aus den Anbaugebieten rund um Laun *(Louny)*, Klattau *(Klatovy)* oder das alte Saaz *(Žatec)*. Ebenfalls vorzüglicher Hopfen wächst um das Städtchen Rakonitz *(Rakovník)*, wo aus dem grünen Gold gleich vor Ort ein köstliches Bier *(pivo)* gebraut wird. Schwärmerisch heißt es in einem alten Sprichwort: „Unus papa Romae, una cerevisia Raconae“, zu deutsch: Ein Papst in Rom, ein Bier in Rakonitz.

Die Kanoniker des Wyschehrader Kapitels im Süden von Prag brauten schon im 11. Jahrhundert ihren eigenen Gerstensaft. In Pilsen *(Plzeň)* blickt das Braugewerbe gleichfalls auf eine jahrhundertelange Tradition zurück. Der neuzeitliche Aufstieg der westböhmischen Biermetropole begann jedoch erst 1842, als das örtliche Bürgerliche Brauhaus seine Pforten öffnete und mit dem Pilsner Urquell *(Plzeňský Prazdroj)* die heute noch weltbekannte Marke ins Leben rief. Bald schon verdrängte das klare, goldgelbe Zerevis den vormals dunklen und trüben Gerstensaft. Auch die vertrauten Tonkrüge und hölzernen Trinkgefäße wurden jetzt von neumodischen Gläsern ersetzt. Schon nach wenigen Jahren hatte sich das herb-würzige Urquell zu einem wahren Exportschlager gemausert. Regelmäßig dampfte ein sagenhafter Bierzug nach Bremen, wo das Gebräu nach Amerika verladen wurde. Ein anderer Tankzug rollte täglich in die Hauptstadt Wien. Von dem Erfolg ermutigt, wurde 1869 die Erste Pilsner Aktienbrauerei gegründet, wo zunächst ein Bier unter dem Markennamen Kaiserquell und schließlich das heute noch beliebte Gambrinus in die Fässer kam.

Welchen besonderen Umständen das goldglänzende Pilsner Bier seine tausendfach bestätigte Güte

Pilsner Biersuppe

Plzeňská pivní polévka

Für 6 Portionen. *1 ½ l Pilsner Bier • 6 Eidotter • 50 g Zucker • Zimt • Gewürznelken • die Schale einer Zitrone • 100 g Selchwürste • Dill*

Die Eidotter mit etwas Bier und Zucker verquirlen und ins kochende Bier geben. Dann Zimt, Gewürznelken, die Zitronenschale und die gekochten Selchwürste hinzufügen, 20 Minuten weiterköcheln, Dill in den Suppentopf streuen, noch einmal aufkochen und heiß servieren.

Budweiser Biersuppe

Budějovická pivní polévka

½ l Budweiser Bier • ½ l Wasser • 100 g Graubrotwürfel • 1 Prise Muskat • 50 g Korinthen • 30 g gehackte Mandeln • 50 g Butter • 1 Prise Salz

Das Bier mit dem Wasser in einen Topf gießen, die Graubrotwürfel dazutun und unter kräftigem Rühren zum Kochen bringen. Dann Muskat, die Korinthen und gehackten Mandeln sowie die Butter dazugeben, mit Salz abschmecken und heiß servieren.

verdankt, ist Anlaß zu nichtendenwollenden Spekulationen. Ins Treffen geführt werden die kilometerlangen Lagerkeller, in denen die Temperatur das ganze Jahr bei konstant 1 bis 2 °C liegt. Kenner verweisen auf die Wände der Katakomben von Pilsen, die von einem nur hier gedeihenden Schimmelpilz überzogen seien.

Dem Pilsner an Bekanntheit nicht nach steht das spritzige, etwas süßere Lagerbier aus Böhmisch Budweis (České Budějovice) im Süden des Landes. Schon König Přemysl Otakar II. hatte der Handelsstadt das Braurecht verliehen. Das weltbekannte Aktienbrauhaus mit dem dunkelgelben Budweiser Bier, das man heute als *Budweiser Budvar* kennt, wurde dagegen erst 1894 gegründet.

Auch andere Biersorten wissen zu begeistern, etwa das vollmundige Kruschowitzer Dunkelbier *(Krušovické pivo)* oder das seit 1872 in der mährischen Hauptstadt gezapfte Altbrünner Bier *(Starobrno),* weiter das Regent aus der vielleicht ältesten Braustadt des Landes Wittingau (Třeboň) und nicht zuletzt das seit 1874 abgefüllte Großpopowitzer Bockbier *(Velkopopovický Kozel).* Kein Zweifel auch, daß sich die Prager Braumeister auf bestes Bier verstehen, etwa beim Brauereigiganten Staropramen in Prag-Smíchov. Große Anziehungskraft auf die busweise Herbeiströmenden üben die Gasthausbrauereien in der Goldenen Stadt aus, etwa die legendäre Bierhalle Zum Fleck *(U Fleků),* wo ein gehaltvoller, nach Karamel mundender Stoff ausgeschenkt wird oder die Brauerei zum heiligen Adalbert auf dem Gelände des Klosters Břevnov und nicht zuletzt über dem Häusermeer von Prag die mehr als 600 Jahre alte Klosterbrauerei Strahov, deren süffiges Norbert-Bier keinen Vergleich scheuen muß.

„Und weil man zu gutem Essen was Gutes zum Trinken braucht, gehen die seligen Frauen Ludmila und Zdislava an der Tafel herum, jede mit einer Kanne, und eine hat Wein darin und die andere klares Wasser, letzteres hauptsächlich für die Herren Einsiedler, welche bekanntlich Asketen sind und den Wein verschmähen; aber der Hockewanzel möchte am liebsten ein schönes Bier haben, und auch er kommt auf seine Rechnung, süffiges honigfarbenes Bier, wie mans besser sogar in Pilsen und Böhmisch Budweis nicht brauen könnte; und wie das der heilige Josef bemerkt hat, da hat nun auch er sich auf dieses Getränk verlegt."

Otfried Preußler, *Die Flucht nach Ägypten. Königlich böhmischer Teil*

Rebensaft

Weinkultur in Böhmen und Mähren

Der Weinanbau in den Ländern der böhmischen Krone erlebte seine erste Blütezeit im späten Mittelalter, als Kaiser Karl IV. aus Frankreich in Honig verpackte Burgunderreben kommen und auf den Anhöhen rund um Prag aussetzen ließ. Der Luxemburger begünstigte den Weinbau auch sonst nach Kräften und gewährte den Winzern Steuerfreiheiten. Infolge seiner großzügigen Förderung florierte die Weinwirtschaft, ständig nahmen die Rebflächen zu. Noch zur Zeit Maria Theresias waren diese um das Zehnfache größer als in unseren Tagen. Im 19. Jahrhundert bildeten die mährischen Rebflächen zusammen mit den Weinbergen des

Weinkeller in Petrau (Petrov) im Bezirk Göding (Hodonín).

österreichischen Weinviertels das größte Anbaugebiet der Donaumonarchie. Der Reblauseinfall ab etwa 1870 traf die böhmischen und mährischen Weinbauern hart. Bis 1920 gingen die Anbauflächen auf weniger als ein Drittel des heutigen Bestandes von grob 20 000 Hektar zurück.

Seit den Tagen römischer Grenzwacht an der Donau wird auch im vorgelagerten Mähren fröhlich Weinbau betrieben. Heute überwiegen in dem sonnigen Land gehaltvolle Weißweine von stroh- oder goldgelber Farbe, in den Gläsern funkeln meist die Rebsorten Welschriesling, Veltliner und Müller-Thurgau. Zu den bekanntesten Weinbaugemeinden im Süden zählen Göding *(Hodonín)*, Nikolsburg *(Mikulov)*, Feldsberg *(Valtice)*, Großpawlowitz *(Velké Pavlovice)* und vor allem die Rebenmetropole Znaim *(Znojmo)*. Seit dem 13. Jahrhundert wird Wein auch in der Umgebung der heutigen Landeshauptstadt Brünn kultiviert.

„Man gewinnt auch hier im Lande schon trinkbaren, guten Wein. Besonders ist der Melniker, der einige Meilen von Prag gewonnen wird, ein sehr angenehmer roter Wein. Die ersten Reben dazu sind aus Burgund gekommen, und wenn er ein gewisses Alter hat, können ihn die Franzosen selbst für leichten Burgunder trinken."

Johann Friedrich Reichardt, 1808

Von deutlich geringeren Ausmaßen sind die böhmischen Anbaugebiete, die sich rund um die uralte Weinstadt Mělník erstrecken. Auch hier hat der pater patriae Karl Ableger von burgundischen Reben auspflanzen lassen, deren herrliche Ausbrüche über Jahrhunderte von den Ärzten als Medizinalwein verschrieben wurden. Auf einem Terrassenhang über dem Zusammenfluß von Moldau und Elbe leuchtet inmitten von Weingärten das Renaissanceschloß der Familie Lobkowicz. In guten Jahren reifen in den fürstlichen Schloßweingütern milde Weiß- und feurige Rotweine von beachtlicher Güte heran. Als Kuriosum der Domäne ist die Melniker Ludmila bekannt – ein schlichter, von sachkundigen Bacchanten hochgeschätzter Tischwein, rot oder weiß abgefüllt in gedrungene tintenfaßähnliche Flaschen.

Schon im Mittelalter wurden in der Umgebung von Leitmeritz exquisite Weine gekeltert, die etwa der steirische Minnesänger Ulrich von Etzenbach in seinem *Alexanderlied* verherrlichte. Über Jahrhunderte galt das alte Sprichwort: „Der muß Glück haben, der von Saaz ohne Schimpf, von Laun ohne Prügel und von Leitmeritz ohne Rausch fortkommt."

Eine kleine aber durchaus feine Domäne liegt um die Stadt Raudnitz (Roudnice) an der Elbe, dem ehemaligen Besitz der Prager Bischöfe. Auch hier hat sich die Familie Lobkowicz bleibende Verdienste um den Weinbau erworben.

Liebhaber böhmischer Weine schwören auf das Weinbaugebiet von Tschernosek (Žernoseky) mit seinen goldgelben Traminerweinen, die in ihrer würzigen Charakteristik den vornehmsten Tropfen der benachbarten sächsischen Weingütern nahekommen.

Melniker Weinsuppe

Mělnická vinná polévka

750 ml Weißwein • 250 ml Rindsuppe • 50 g Zucker • 1 Zimtstange • die Schale einer halben Zitrone • 1 Eßlöffel Mehl • 200 ml Schlagobers • 4 Eidotter • Salz

Den Wein mit dem Zucker, der Zimtstange und der Zitronenschale aufkochen. Das Mehl mit dem Schlagobers absprudeln und unter fortwährendem Rühren in den kochenden Wein hineingießen. Die Rindsuppe dazu geben und noch 5 Minuten weiterkochen. Vor dem Auftragen die Dotter einrühren, mit Salz abschmecken und die Suppe schaumig aufschlagen.

In der tschechischen Kellerwirtschaft harmoniert neue Technik mit althergebrachten Erfahrungen.

Lammrippen in Rotwein

Jehněčí žebírka na víně

12 Stück Lammkotlettchen • 1–2 Knoblauchzehen • Salz • Thymian • 1 Eßlöffel Butter • 150 ml Rotwein

12 kleinere, nicht zu dicke Kotlettchen klopfen, mit Knoblauch einreiben, salzen, mit Thymian würzen und mit Mehl stauben. In einer großen Pfanne Butter erhitzen, die vorbereiteten Fleischstücke von beiden Seiten stark anbraten, dann mit Rotwein übergießen und einige Minuten bei verminderter Temperatur weichdünsten. Als Beilagen eignen sich Röstkartoffeln und Fisolen.

Jan Becher
KARLOVARSKÁ
BECHEROVKA®
Vyrobeno dle tajného receptu z vyvážené směsi bylin a koření
ORIGINAL
Since 1807
JB
OCHR.ZNAMKA
REG.TRADEMARK
50 cl
Jan Becher
CARLSBAD
PRODUCT OF THE CZECH REPUBLIC
JAN BECHER

Höherprozentige Elixiere

Sliwowitz und Becherbitter

Der Obstreichtum Mährens bietet die Grundlage für die Herstellung einiger weit über die Landesgrenzen hinaus bekannter Schnäpse und Brände. So wird etwa in dem hannakischen Städtchen Proßnitz *(Prostějov)* ein klarer Kornschnaps *(Prostějovská Režná)* destilliert und in Wisowitz *(Vizovice)* das legendäre Zwetschkenwasser Sliwowitz *(slivovice)* der Firma Rudolf Jelínek. Nicht zuletzt wegen ihrer weltweit gefragten koscheren Schnäpse gelang es der Aktiengesellschaft Jelínek, die Weltwirtschaftskrise der 1930er Jahre gut zu überstehen.

Als vorzüglichster Likör Böhmens ist der Karlsbader Becherbitter *(Becherovka)* weltbekannt, die dreizehnte Quelle der westböhmischen Kurstadt. Das aromatische Elixier aus Zucker, Kräutern, Ölen und Alkohol wurde erstmals 1807 von dem Karlsbader Apotheker Josef Vitus Becher nach dem Rezept eines an der Tepl kurenden englischen Arztes gemischt. Nicht nur Becher faszinierte der bittersüße Geschmack des zunächst als Carlsbader English Bitter firmierenden Getränks, sondern bald auch die gesamte mondäne Welt der Badestadt. Die weitere Entwicklung seiner Unternehmung war ein einziger Siegeszug, der sich über mehrere Generationen hinweg fortsetzte – Zweigstellen und Niederlassungen in der ganzen Welt, Preise und Ehrungen bis hin zum Hoflieferantenstatus. Und tausende, hunderttausende, schließlich Millionen verkaufter Gebinde. Wiewohl der einstige Familienbetrieb mittlerweile einem internationalen Spirituosenkonzern gehört, wird die Zusammensetzung der zwanzig verschiedenen Kräuter und Wurzeln wie in alten Tagen geheimgehalten und, wie es romantisch heißt, „von Generation zu Generation" weitergegeben. Wer den Karlsbader Becherbitter wegen seines Alkoholgehaltes meidet, der findet vielleicht Gefallen am prickelnden Sprudel Mattoni, der seinen Namen dem Karlsbader Patrizier und k. u. k. Hoflieferanten in Sachen Mineralwasser Heinrich Kaspar Mattoni verdankt.

Oben: Geistiges in einer Flasche mit Kultstatus – Zwetschkenschnaps von Rudolf Jelínek, auch bekannt als Sliwowitz, Sligowitz, Slibowitz oder Schligowitz.

Links: Das unverkennbare Gebinde des Karlsbader Becherbitters.

Liqueur-Punsch

Likérový punč

Saft von 2 Zitronen • 420 g Zucker • die Schale einer halben Zitrone • ½ l Becherovka • 10–20 ml Sliwowitz

Die ganze Mischung ein paar Stunden vor dem Gebrauch in den Punschtopf geben, vor dem Servieren 600 ml kochendes Wasser und Sliwowitz nach Geschmack zugeben.

Frühlingserwachen
Osterbrot und Osterlamm

In der vierzigtägigen Fasten vor Ostern spart man bei Obst, Gemüse sowie Kartoffel- und Mehlspeiskost ein, was während der Faschingszeit verpraßt wurde. Noch im 16. Jahrhundert riskierten Fleischer eine Kerkerstrafe, wenn sie ihre Schinken und Schlegel in der Fastenzeit anpriesen. Gegen Ende der Hungerwochen wurde das Fastengebot immer strenger, oft gab es nur Zwiebeln und Bohnen. Die am „krummen Mittwoch", dem Mittwoch vor Ostern gelegten Hühnereier wurden gesammelt, bunt gefärbt und für die Osterjause aufbewahrt. Für den Gründonnerstag wurden aus bestem Germteig mit Weizenmehl sogenannte Jidasche *(jidáše)* bereitet, die in Prag noch um 1900 allgemein erhältlich waren. Dem Volksglauben nach schützen diese Gebildebrote das Jahr über vor giftigen Stichen und Bissen.

Am Abend des Gründonnerstags kam üblicherweise ein Linsengericht oder „etwas Grünes" auf den Tisch, mancherorts eine Kollektion von siebenerlei Grünem aus Garten oder Wiese. Die Karwoche gipfelt im strengsten Fasttag des Jahres, dem Karfreitag.

Mit der Auferstehungsfeier hatte die Fastenzeit am Samstagabend ihr sehnlichst erwartetes Ende. Von der Messe heimgekehrt, stieg den Kirchgängern schon der Duft der frischen, gebratenen Leberwürste entgegen, ein geradezu himmlisches Glück nach den kargen Tagen der Fastenzeit. Nun konnte auch der Osterlaib aus Weißmehl *(mazanec)* angeschnitten werden, in den noch mehr Eier als in den sonst nahverwandten Weihnachtsstriezel kommen. Dann der feierliche Ostersonntag: Schon sprießt das erste Frühlingsgrün in den Beeten, so daß die Suppe mit all den lange entbehrten Gartenkräutern besonders gut schmeckt. Zum Hauptgang kommt ein gebratenes Zicklein oder Lämmchen auf den Tisch, dazu Kartoffelknödel und Fisolen oder Brennesseln. Mancherorts wird als traditionelles Festmahl ein österlicher Auflauf *(velikonoční svítek)* mit Selchfleisch und vielen Eiern zubereitet. Den krönenden Abschluß bildet das Osterlamm *(beránek)* aus feinstem Mehl und mit Augen aus Rosinen.

„Am Gründonnerstag wußten die Kinder, daß sie nichts anderes frühstücken würden als Jidasche mit Honig. [...]
Frau Mutter führte die Großmutter in die Vorratskammer und zeigte eine volle Strohschüssel Ostereier für die Kurrendebuben, eine stattliche Reihe Osterlaibe und ein feistes Lämmchen. Auch reichte sie jedem der Kinder ein Stück Süßkuchen, nicht jedoch der Großmutter, denn sie wußte, daß die Greisin vom Frühstück am Gründonnerstag bis zum Abendessen nach der Auferstehung keinen Bissen zu sich nehme; sie selbst fastete auch am Karfreitag, aber das strenge Fasten, wie es Großmutter einhielt, konnte sie, so pflegte sie zu sagen, nicht aushalten."

Božena Němcová,
Die Großmutter

Traditionelles Ostergebäck in Böhmen: Osterbinsen (oben) und Jidasche.

Osterbinsen

Velikonoční mazanec

110 g Butter • 4 Eidotter • 300 ml Milch • 100 g Staubzucker • 10 g Vanillezucker • 40 g Hefe • ½ kg halbgriffiges Mehl • die geriebene Schale einer Zitrone • 1 Prise Salz • 100 g in Rum eingelegte Rosinen • 150 g Mandelsplitter (Blättchen). Zum Bestreichen: *1 Ei.* Zum Bestreuen: *50 g Mandelsplitter (Blättchen) • Staubzucker*

„Am Ostersonntag nahm Großmutter Kuchen, Wein und Eier mit in die Kirche zum Segnen. Als sie die geweihten Speisen dann nach Hause brachte, wurden sie verteilt, und jeder von den Hausangehörigen bekam von beiden Speisen je ein Stückchen und etwas Wein. Das Geflügel und das Vieh bekamen von beiden wie am Christabend, damit sie angeblich dem Hause anhänglich wären und reichlichen Nutzen spendeten, meinte Großmutter."

Božena Němcová, *Die Großmutter*

Den Teig unter Verwendung der oben angeführten Ingredienzien wie beim Rezept auf Seite 144 bereiten und zum Aufgehen für 3–4 Stunden warmstellen. Danach die Masse auf eine bemehlte Arbeitsfläche kippen, die Rosinen und 150 g Mandelsplitter einarbeiten und ein Osterbrot formen. Dieses noch etwa 1 Stunde im Warmen auf dem Blech gehen lassen. Das mit einem eingeritzten Kreuz geschmückte Osterbrot vor dem Backen mit dem verquirlten Ei bestreichen und mit 50 g Mandelsplitter verzieren. Dann den Laib im vorgewärmten Ofen bei anfangs 200–220 °C backen. Sobald das Brot goldbraun wird, mit Alufolie abdecken, die Temperatur auf 150 °C vermindern und weitere 10 Minuten backen. In den letzten 10 Minuten bei 100 °C im Ofen lassen, somit beträgt die gesamte Backzeit 50–60 Minuten. Vor dem Servieren mit Staubzucker bestreuen.

Osterauflauf

Velikonoční svítek

½ kg Geselchtes • 400 g Schweinsschulter • 300 g Wurzelwerk (2 Karotten, ½ Sellerie, 1 Petersilienwurzel, ¼ Porree) • 6 Pfefferkörner • 4 Neugewürzkörner • 1 Lorbeerblatt • 12 Eier • Pfeffer aus der Mühle • Salz • Muskatnuß • 12 altbackene Semmeln • Schnittlauch und Brennesseln • Schmalz oder Öl zum Ausstreichen der Form • Semmelbrösel nach Bedarf

Das Geselchte in leicht gesalzenem Wasser kochen. Auf einer zweiten Flamme auch die Schweinsschulter mit Wurzelwerk, Pfefferkörnern, Neugewürz und dem Lorbeerblatt in Salzwasser weichkochen. Die Semmeln in Würfel schneiden. Die Eier aufschlagen, das Eiweiß vom Eigelb trennen und zu Schnee schlagen. Die Semmelwürfel in einer Schüssel mit dem würfelig geschnittenen Fleisch vermengen und die Fleischbrühe dazutun. Dann die Eigelbe sowie die kleingeschnittenen Kräuter einrühren. Die Mischung mit Salz und Pfeffer abschmecken, Muskatnuß beigeben. Sollte die Masse zu flüssig sein, Semmelbrösel hinzufügen und stehen lassen, bis die Brösel die Feuchtigkeit aufgenommen haben. Abschließend den Schnee unterheben. Eine Auflaufform mit Fett ausstreichen, die Masse einfüllen und bei 180 °C ca. 35–45 Minuten goldbraun backen.

„Das Xelchte kann ajn Festšmaus sein, „Auf ihre Xundhajt!“ heißc bajm Wajn.“

Götz Fehr, *Fernkurs in Böhmisch*

Österlicher Lammbraten

Velikonoční jehněčí pečínka

1 Lammschlegel • Salz • Pfeffer • Rosmarin • 5 Knoblauchzehen • 300 ml Rotwein

Die Lammkeule waschen, trockentupfen und klopfen, mit Salz, Pfeffer und zerdrücktem Knoblauch einreiben. Dann das Bratgut in eine Bratpfanne legen, mit Rosmarin bestreuen und Wasser untergießen. Den Bräter zugedeckt in den Herd stellen und das Fleisch ungefähr zwei Stunden bei 180 °C und unter fortwährendem Begießen mit Fett braten, wobei nach der halben Bratzeit gewendet werden muß. Sobald sich an der Oberseite eine resche Kruste entwickelt hat, den Braten aus dem Rohr nehmen, tranchieren und mit dem Eigensaft servieren.

Als Beilage reiche man Salat, Gemüse oder Bratkartoffeln.

Als Symbol der alljährlichen Wiedergeburt der Natur kommt Eiern im böhmischen Brauchtum eine besondere Rolle zu. Diese werden rotgefärbt oder kunstvoll bemalt und bei österlichen Heischebräuchen als Geschenk verteilt. Die Familie verzehrt in gemeinschaftlichem Mahl Eier, was den Zusammenhalt sichern soll. Verirrt sich ein Familienmitglied im Laufe des Jahres, so soll ihm die Erinnerung an dieses Mahl aus der Gefahr helfen.

Osterkranz

Velikonoční věnec

120 g Butter • 2 Eidotter • 200 g Staubzucker • ¼ l Milch • 10 g Vanillezucker • 40 g Hefe • ½ kg halbgriffiges Mehl • die geriebene Schale einer Zitrone • 1 Prise Salz • 100 g in Rum eingelegte Rosinen • 100 g gestiftelte Mandeln. Zum Bestreichen: *50 g Butter • 1 Ei • etwas Rum.* Zum Bestreuen: *100 g Mandelsplitter (Blättchen) • Staubzucker*

Den Teig unter Verwendung der oben angeführten Ingredienzien wie beim Rezept auf Seite 144 bereiten und im Warmen 60 Minuten rasten lassen, bis er zu doppeltem Volumen aufgegangen ist. Danach den Teig auf eine bemehlte Unterlage geben, ein Viereck ausrollen, dieses mit 25 g zerlassener Butter bestreichen, dreimal falten und erneut drüberwalken, um etwaige Blasen zu entfernen. Die Masse in fünf gleichgroße Stücke schneiden und zu Rollen verarbeiten, aus denen ein Zopf in Form eines Kranzes geflochten wird. Den Zopf abschließend mit Ei bestreichen und mit Mandelsplittern bestreuen. Die ersten 15 Minuten bei 200 °C im vorgewärmten Ofen backen, dann die Temperatur auf 180 °C vermindern und weitere 40 Minuten fertigbacken. Falls die Oberfläche zu dunkel wird, mit Alufolie abdecken. Am Ende des Backvorganges den Kranz mit Rum und 25 g zerlassener Butter bestreichen, dann mit Staubzucker bestreut auf den Tisch bringen.

WEIHNACHTSDUFT

UND KULINARISCHE FESTTAGSFREUDEN

„Ist es endlich Abend geworden, wird der reichgeschmückte Tisch mit dem nur bei hohen Festtagen gebrauchten großen Tischtuche bedeckt, zu welchem die Fäden im Hause gesponnen wurden, und darauf werden die Leuchter aufgestellt und die Teller verteilt. Äpfel und Nüsse sind in ordentlichen Ladungen aufgeschichtet und dazwischen stehen ganze Schüsseln voll der nie fehlenden sogenannten Muzika, ein Gemengsel aus gedörrten und gedünsteten Äpfeln, Birnen und Pflaumen."

Otto von Reinsberg-Düringsfeld, *Fest-Kalender aus Böhmen*

Wenn auf den böhmischen Marktplätzen die ersten Bottiche mit Weihnachtskarpfen thronen, ist das Christkind nicht mehr weit. Die meisten Käufer lassen sich ihren Karpfen *(kapr)* sogleich portionieren und von Schuppen befreien, Feinschmecker aber nehmen den Rogen- oder Milchfisch lebend in Empfang und setzen ihn zu Hause in der Badewanne aus. Dort soll er zur Freude der Kinder einige Tage kreuzen und dabei weiter den Modergeruch der südböhmischen Fischteiche ablegen. Weihnachten ist auch, wenn man die Badewanne erstmals wieder zu einem genüßlichen Bad einlassen kann.

Eine schwere Verlockung in der adventlichen Fastenzeit ist der Duft der frischen Weihnachtsbäckereien *(cukroví)*, die zum Leidwesen der Kinder erst zum Christfest aufgetischt werden. Jede Hausfrau bewahrt ihre eigenen, mitunter noch von der Urgroßmutter herstammenden Rezepte. Im 19. Jahrhundert kam der Brauch auf, eine Krippe *(betlém)* aus Lebzelt zu backen, die nach den Feiertagen von den Jüngsten mit Begeisterung verzehrt werden durfte.

Wer bis zum Abend des 24. Dezember ohne einen Bissen Essen auskommt, der kann endlich, wie es heißt, an der Wand ein goldenes Schweinchen *(zlaté prasátko)* reiten sehen. Weniger Eifrige und Wundergläubige stärken sich mittags mit Striezel und Kaffee oder einer Wassersuppe. Auch Erbsen mit Kraut kommen an diesem strengen Fasttag zu Ehren.

Jede Familie begeht das Weihnachtsfestmal nach eigenem Zeremoniell. In den meisten Häusern beginnt das feierliche Abendmahl mit einer Fischsuppe, dann folgt der Weihnachtskarpfen in schwarzer Biersoße oder paniert, dazu Kartoffelsalat. Wo das Geld zum Karpfen fehlte, behalfen sich unsere Ahnen mit falschem Fisch aus Nudeln, Eiern, Mehl und Bröseln. Auch in Schmalz gebratene Schnitzel mit Dörrobst oder Kompotten kommen auf den Festtagstisch.

Als traditionelles Weihnachtsmahl war seinerzeit das Neunerlei *(devatero)* der Inbegriff aller Weihnachtsfreuden, eine Speisenfolge mit neun verschiedenen Gerichten, die jedoch von Dorf zu Dorf, ja von Haus zu Haus unterschiedlich kombiniert und zubereitet wurden. In frommen Familien ging das weihnachtliche Essen mit honigbestrichenen und Nüssen belegten Oblaten an, die der Hausvater nach dem Gebet brach und mit feierlichen Worten an die Tischgesellschaft verteilte: „Himmlischer Herrgott, laß uns alle auch den nächsten Heiligabend gesund erleben". Machten in einem Haus Brot und Salz und ein Glas Wein den Anfang des Neunerlei, so waren es beim Nachbarn gesalzene Erbsen – drei Löffel für jeden Festgast, den Rest für das Vieh. Dann wurde die Fischsuppe aufgetragen, wenn nicht eine kräftige Biersuppe folgte, oder die traditionelle Heiligabendsuppe *(štědrovka,* auch *štědračka)*, in der Erbsen, Linsen, getrocknete Zwetschken und Birnen, dazu Kartoffeln und Schwammerln zu exquisitem Wohlgeschmack zusammenfanden.

Pilze waren aus der Weihnachtsküche der Wald- und Gebirgslandschaften nicht wegzudenken. Sie kamen in die Suppe, verbesserten Knödelspeisen und bereicherten vor allem mit Graupen die bewährte Schwarze Kuba. Im Riesengebirge *(Krkonoše)* freute man sich auf den knoblauchwürzigen

LINKE SEITE: Eine Bäckerin am *Trdlo*-Stand auf einem Prager Weihnachtsmarkt.

UNTEN: Ein Trachtenpärchen trägt für den Heiligabend einen Christbaum heim, einen Weihnachtsstriezel, den Festtagskarpfen und einen Korb mit Äpfelchen. Genrepostkarte, um 1900.

hubník oder *houbovec*, einen goldbraun-überbackenen Auflauf aus aufgeweichten Semmeln, Grießbrei, Eiern und Pilzen.

Im Neunerlei waren nach Möglichkeit Mohn und getrocknetes Obst vorgesehen, ferner Mehlspeisen wie Buchteln und Liwanzen, Dalken und Knödel. Kraut durfte nicht fehlen, auch Erbsen und Graupen hatten ihren festen Platz. Der Krätze sollten die Rübenspeisen vorbeugen, auf die man im Riesengebirge hielt.

An die Wintersonnenwende erinnern die mit Wein zubereiteten, symbolisch zur Sonnenform gerollten Jahrhundertwürstel. In der Hoffnung, daß jedes geschluckte Körndl einen Taler im Sack bringe, vergaß man nicht auf ein paar Löffel Hirsebrei. Bevor das Festmahl mit Striezel, Apfelstrudel oder Kolatschen seinem Ende zuging, teilte jeder Anwesende noch einen Apfel in zwei Hälften und öffnete eine Nuß, um so einen Ausblick auf das bevorstehende Jahr zu erheischen.

Einen Höhepunkt der weihnachtlichen Genüsse bildet der Weihnachtsstriezel *(vánočka)* aus Germteig, verfeinert mit Rosinen und Mandeln. Schon im Mittelalter wurde dieses Festtagsbrot aus neun Zöpfen geflochten, die an die Windeln des Jesukindleins erinnern sollten. Im Riesengebirge wurden anstelle des Weihnachtsstriezels spezielle Käsekolatschen, die sogenannten *sejráky*, gebacken.

Da am eigentlichen Christtag *(Boží hod)* jede Arbeit ruhen soll, mithin auch das Kochen, werden bis in unsere Tage die Delikatessen des Christabends ein weiteres Mal aufgetischt. Der zweite Weihnachtsfeiertag

OBEN LINKS: Eine bäuerliche Familie beim Heiligabendmahl.

OBEN RECHTS: Beim Flechten des Weihnachtsstriezels.

UNTEN LINKS: Der Maronibrater Štěrba in der Prager Neustadt, um 1886.

UNTEN RECHTS: Tavík František Šimon, *Der Nikolaimarkt auf dem Altstädter Ring in Prag*, um 1900.

Marie Janků-Sandtnerová, *Weihnachtsgebäck und Leckereien für Weihnachtsbaum und -tisch,* Prag 1941.

ist dann der Stephanigans vorbehalten. In vielen Familien wurde das bewährte Neunerlei am Silvesterabend wiederholt. Erst am Dreikönigstag findet die Weihnachtszeit mit einer letzten Karpfenmahlzeit ihr Ende, ehe dann der Fasching seine kulinarischen Rechte einfordert.

Weihnachtsstriezel
Vánočka

100 g Rosinen • 5 Eßlöffel Rum • 30 g Hefe • 100 g Zucker • 200 g Butter • 200 ml Milch • ½ kg Mehl • 1 Prise Salz • 3 Eier • 10 g Vanillezucker • 120 g blanchierte gehackte Mandeln • 1 Eigelb zum Bestreichen

Die Rosinen am besten über Nacht in Rum einlegen. Hefe mit Zucker verrühren. In einem Topf Butter schmelzen und mit Milch aufgießen. Alle Zutaten zusammen mit Mehl, Salz, Eiern und Vanillezucker zu einem Hefeteig verkneten. Die eingeweichten Rosinen und die Mandeln kräftig unterkneten. Den Teig mindestens 15 Minuten lang durcharbeiten, je länger, desto lockerer wird der Striezel. Anschließend mit Mehl bestreuen und eine Stunde an einem warmen Ort gehen lassen.

Nun den Teig in drei Stücke teilen, diese zu etwa 40 cm langen Wülsten rollen und einen Zopf flechten, danach noch einmal 30 Minuten gehen lassen. Den Striezel mit Eigelb bestreichen, mit gehackten Mandeln bestreuen, auf ein gefettetes Backblech legen und im gut vorgeheizten Ofen 50 Minuten backen – die ersten 15 Minuten bei 200 °C, dann die Temperatur auf 160 °C vermindern und weitere 35 Minuten fertigbacken.

Weihnachtliche Fischsuppe

Vánoční rybí polévka

Für 6 Portionen: *300 g Karpfenbeuschel • 3 Karpfenköpfe • Salz • Essig • 6 Pfefferkörner • 2 Neugewürzkörner • 100 g Butter • ½ Zwiebel • Wurzelwerk (1 Petersilienwurzel, ¼ Selleriewurzel, 2 Karotten) • 1 gehäufter Eßlöffel Mehl • 1 Lorbeerblatt • Thymian • 2 Eßlöffel Rotwein (oder Zitronensaft) • 1–2 Eßlöffel Roggengrieß*

Die Fischköpfe mit etwas Essig, den Pfeffer- und Neugewürzkörnern in 2 l Salzwasser weichkochen. Nach ½ Stunde Köcheln alles durch ein Sieb seihen und den Fischsud in einem Topf zur Seite stellen. Von den Fischköpfen das Fischfleisch ablesen und bereitstellen.

In einem Topf Butter zergehen lassen und in ihr die feingehackte Zwiebel rösten, etwas später feingeriebenes Wurzelwerk beifügen. Nach dessen Gelbwerden den Inhalt des Topfes stauben, mit Fischsud aufgießen, Lorbeerblatt, Thymian und Rotwein dazugeben und die Suppe etwa 10–15 Minuten gut verkochen. Zuletzt das zu kleinen Stücken geschnittene Beuschel, das Fischfleisch und den Grieß hinzufügen und die Suppe nochmals aufkochen. Steht Rogen nicht zur Verfügung, so kann dieser durch angerösteten Weizengrieß ersetzt werden.

Ganz ohne Fischsud, nur mit Wurzelsud und angeröstetem Grieß, wird die sogenannte „falsche Fischbeuschelsuppe“ hergestellt.

„Ich hab mit den Bauernleuten Mittag gegessen, Erbsen mit Kraut, hab den ganzen Nachmittag in alten Kalendern gelesen, bis es Abend wurde. […] Darauf haben wir uns um den großen Tisch gesetzt, haben drei Vaterunser gebetet für die Verstorbenen des Hauses, und das feierliche Heilig-Abendessen begann. Erst kamen die Reste vom Mittagstisch, Erbsen mit Kraut, dann Liwanzi mit Kaffee, Dolkerler mit Apfelsoße, gebackener Brei, ein gezogener Apfelstrudel, und das köstlichste, eine Zwetschgenwoika mit der Weihnachtssemmel. Zuletzt hat die Hausmutter Äpfel und Nüsse verteilt. Wer einen Apfel anschnitt, mußte Obacht geben, daß er keinen Kern verletzte, denn sonst würde das Unglück im neuen Jahr bedeuten. Zum Schluß brachte die Bäuerin mehrere alte Teller, und auf jeden davon legte sie von jeder Speise, die abends auf den Tisch kam, eine Kleinigkeit. Damit müssen wir das Herdfeuer, den Hausbrunnen, das Vieh im Stall, die Bienen und den Wind füttern. Der Bauer und ich nahmen drei Teller für den Wind, den Brunnen und für die Bienen, mit den andern erfüllte die Bäuerin selber den alten Brauch in Haus und Hof.“

Josef Pscheidl,
Tief drin im Böhmerwald

Panierter Karpfen mit Kartoffelsalat

Smažený kapr s bramborovým salátem

Kartoffelsalat: *1½ kg Kartoffeln • 2 mittelgroße Zwiebeln • 8 saure Gurken • 300 g süßsaure eingelegte Karotten • 300 g eingelegte Erbsen • 300 g süßsaure eingelegte Sellerieknollen • 650 ml Mayonnaise • Salz • Pfeffer • Zitronenspalten zur Dekoration.* Panierter Karpfen: *1 kg Karpfenstücke portioniert mit oder ohne Haut • Salz • Mehl • 2 Eier • ⅛ l Milch • Semmelbrösel • Öl zum Herausbacken*

„Auf die dicke Fischsuppe folgt der blaue und schwarze, dann der gebackene Fisch, darauf der černý kuba *aus Graupen und Schwämmen, und die Liwanzen. Den Beschluß macht die* muzika *und die Verteilung der Äpfel und Nüsse. Als Getränk geht das Bier herum."*

Otto von Reinsberg-Düringsfeld, *Fest-Kalender aus Böhmen*

Zubereitung des Kartoffelsalates: Die gekochten Kartoffeln schälen und in Würfel schneiden, auch die Zwiebeln und Gurken würfelig schneiden, dann alle Zutaten vermengen und gut durchmischen. Mit Salz und Pfeffer abschmecken und kalt stellen. Am besten schmeckt der Salat, wenn er einen Tag stehen konnte.

Zubereitung des Panierten Karpfens: Die Karpfenstücke leicht salzen, mit Mehl und dem in Milch verquirltem Ei sowie den Bröseln panieren, von beiden Seiten in heißem Fett goldbraun braten. Den Fisch zusammen mit Kartoffelsalat und Zitronenspalten servieren.

JAHRHUNDERTWÜRSTEL
Vinná klobása

½ kg weiße Bratwurst (vom Kalb oder Schwein) im Naturdarm • Holzspeile • Öl oder Schweinefett • frischer Kren • Senf

Die nach der Länge verkaufte weihnachtliche Weinwurst in 20 cm lange Stücke schneiden, einrollen und mit Speilen fixieren. Wenige Minuten auf beiden Seiten in heißem Öl anbraten. Als Beilage passen Kartoffelpüree oder Kartoffelsalat (S. 178), die Wurst kann aber auch mit Senf, Kren und Gebäck serviert werden.

Schwarze Kuba
Černý kuba

50 g getrocknete Pilze • 300 g Graupen • 2 Eßlöffel Schmalz • ½ l Rindsuppe • etwas Salz • 2 Zwiebeln • 4 Knoblauchzehen • 1 Teelöffel Kümmel • 1 Teelöffel Majoran • 3 Eßlöffel Semmelbrösel • Petersilie

Die getrockneten Schwammerl in einem Sieb waschen und 20 Minuten zugedeckt in ½ l Wasser einweichen. Die Graupen in 1 Eßlöffel Schmalz anrösten, mit der Fleischbrühe ablöschen und etwas Salz würzen, sodann dem Ganzen die Pilze und das Einweichwasser zufügen. Ca. 50 Minuten zugedeckt auf mittlerer Stufe garen und dabei gelegentlich umrühren. Zwiebeln und Knoblauchzehen schälen, in kleine Würfel schneiden, in Schmalz glasig anbraten und zu den Graupen dazutun. ⅛ l heißes Wasser hinzugeben und mit Kümmel sowie Majoran würzen. Die ganze Masse in eine gut gefettete, mit Semmelbröseln ausgeschüttete Auflaufform geben und ohne Deckel 15 Minuten im vorgeheizten Backofen bei 200 °C überbakken. Mit frischer Petersilie garniert servieren.

Fleisch gab es in ärmeren Riesengebirgsfamilien oft nur zur Weihnachtszeit oder zu besonderen Festtagen. An Wochentagen kam in den Bauden Brot mit Butter und Käse auf den Tisch, dazu nach Belieben Milch, Sauerkraut, Wasserrüben, Erdäpfel, Graupen, Pilze, Waldfrüchte, gelegentlich auch Hirse oder Erbsen. Als typisch riesengebirgisch gilt auch der „Sauerkübel“ aus saurer Molke, Mehl, Sauerteig, Butter und Salz, sowie eine mit Mehl, Milch, Butter und fettem Sauerrahm zubereitete „Pampe“, bestreut mit geriebenem Lebzelt.

Mit Hörnerschlitten im Riesengebirge, um 1900.

Nusstascherl

Ořechové taštičky

„Dalken, Knödel, Schwarzfisch, Stritzel, muzika und Brei mit Honig und Pfefferkuchen sind fast im ganzen Lande unentbehrliche Weihnachtsgerichte. In Neuhaus muß Jeder, und wäre er selbst Bettler, zuerst warme Milch mit Semmel essen, und dann Graupen mit Milch, Schwämmen und getrocknetem Obst zubereitet."

Otto von Reinsberg-Düringsfeld, *Fest-Kalender aus Böhmen*

230 g Butter • 1 Ei • ¼ kg glattes Mehl • 2 Eßlöffel Wasser • Staubzucker zum Bestreuen FÜLLE: *120 g Staubzucker • 100 g geriebene Walnüsse • Schnee von 2 Eiklar • 1–2 Teelöffel Rum*

Die Zutaten zu einem Teig verkneten, diesen bis zum nächsten Tag im Kühlschrank kaltstellen. Die Fülle erst am zweiten Tag herstellen. Zur Fertigstellung den Teig dünn auswalken und Scheiben mit einem Durchmesser von 6 cm ausschneiden. Die Ränder mit Wasser bestreichen, in die Mitte die aus Staubzucker, Walnüssen, Rum und Schnee bereitete Fülle setzen und dann das Teigstück halbmondförmig falten. Die Ränder gut zudrücken. Bei 160 °C etwa 10 Minuten im vorgewärmten Ofen backen. Die noch heißen Nußtascherl mit Staubzucker bestreuen.

Süsse Pratzerl

Sladké pracky

¼ kg Butter • 350 g glattes Mehl • 200 g ungeschälte geriebene Mandeln oder Walnüsse • ¼ kg Zucker • 2 Eßlöffel Kakaopulver • die geriebene Schale einer halben Zitrone • 1 Messerspitze gemahlene Nelke • Zimt • 1 Ei • ½ Teelöffel Backpulver • 10 g Vanillezucker • 100 g Staubzucker

Die weiche Butter mit den restlichen Zutaten zu einem glatten Teig verarbeiten. Den Teig sechs Stunden im Kühlschrank ruhen lassen und dann portionsweise in die kleinen Metallförmchen füllen, je dünner die Schicht, desto knuspriger die Pratzerl. Im vorgewärmten Ofen 5–10 Minuten bei 180 °C backen. Die Backzeit ist von der Teigmenge in den Förmchen abhängig. Sobald die Ränder Farbe annehmen, die fertigen Pratzerl aus dem Ofen nehmen. Das heiße Gebäck aus den Förmchen kippen und in einer Mischung aus Staub- und Vanillezucker wenden.

„In Pilsen darf man sich nur in ungerader Zahl zu Tische setzen und läßt daher, um diese heraus zu bekommen, oft den Kutscher oder die Magd, ja selbst einen Bettler mitessen, den man von der Straße heraufgerufen hat.“

Otto von Reinsberg-Düringsfeld, *Fest-Kalender aus Böhmen*

Register der Rezepte

Bildquellenverzeichnis

Archiv des Vitalis Verlags • AdobeStock • A. W. spol. s r. o. (www.tvaruzky.cz): S. 31, 35 • Hartmut Binder, *Gestern Abend im Café*: S. 57, 136 • Depositphotos • Došel Karamel: S. 48, 52, 53, 67, 70–72 • Jiří Horák (Akrij Design Studio, www.recepty-top.cz): S. 25, 30 u., 51, 76, 87, 103, 112, 113, 126, 150, 165, 182 • Jana Krátká (www.ceskazceska.cz): S. 22, 40, 65, 86, 89, 111, 142, 143, 146, 147, 151, 168, 179, 183 • Josef Lada (Erben): S. 74 • Nationalgalerie Prag: S. 58 o., 106, 114 • Shutterstock • www.karlovskygastrofestival.cz: S. 128 • Wikimedia Commons.